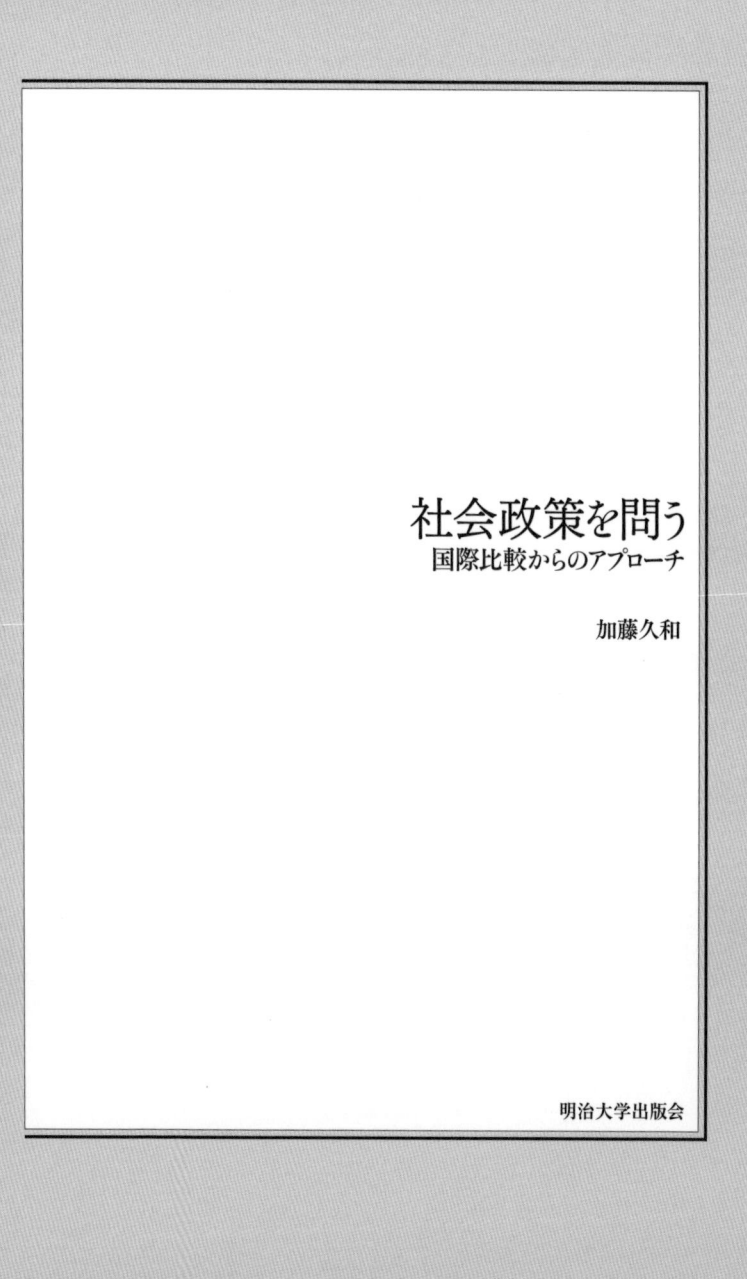

社会政策を問う
国際比較からのアプローチ

加藤久和

明治大学出版会

社会政策を問う
国際比較からのアプローチ

はじめに

社会保障と労働市場に関連する政策を社会政策といいます。あまり聞き慣れないことばかもしれません。多くの場合，それぞれ独立して紹介されることが多いのですが，本書では両者を一緒に扱うため，社会政策という用語を用いることにしました。そもそも社会保障と労働市場の政策は相互に密接に関連しています。労働は所得を得るためのもっとも基本的な社会的活動です。しかしすべての人が就業できるとは限りません。運悪く失業した人がいれば社会保障制度にある雇用保険からの求職者給付が生活を支えてくれます。女性の就業と出産・育児の両立を進めるには雇用政策による就業環境整備が不可欠ですが，それは少子化対策としての側面もあります。日本国憲法第25条は国民の最低限度の生活（これをナショナル・ミニマムといいます）を保障していますが，生活保護がこの役割を担っています。しかしナショナル・ミニマムと関連する政策には最低賃金や基礎年金などもあり，前者はまさに雇用政策の大きな柱です。

日本は「失われた20年」とも称される経済の長期的停滞からの明確な脱却もままならないまま，本格的な人口減少社会に突入しました。気がつくと，世界でもっとも高齢化が進んだ国になっていました。90年代以降，政府が抱える債務も急増し，高齢化とともに社会保障給付の重荷ものしかかっています。さらには，雇用の形態や仕組みも大きく変わり，社会のさまざまな側面においてグローバル化への対応も急がれています。

一方，わが国のさまざまな社会諸分野の制度・政策を見ると，

依然として高度成長期以来の構造を引きずったままのものが多いのが実態です。右肩上がりの経済成長や人口増加を前提とした社会保障制度や財政構造，古いままの雇用慣行から脱しきれない労働システム，女性の社会進出をサポートしきれていない家族政策，さらには効率化できない医療供給システムなど，変化に対応しきれていない分野が山積しています。

　本書の目的は，これからの社会保障制度や雇用政策などの改革を行うための視点を，主として先進諸国との対比を通じて示すことです。具体的には，人口・家族，労働・雇用，最低生活保障，年金，医療の五つの分野を対象として，各国の制度概要や主要指標の比較を通じてこれらから浮かび上がる日本の政策課題を整理し，改革論議の材料を提供するものです。

　本書を執筆するにあたって，明治大学出版会の須川善行氏，ならびに出版会編集委員の方々から有益なコメントをいただきました。ここに感謝申し上げます。

目次

はじめに……………………………………………………………………………………ii

序章　社会政策をめぐる環境……………………………………………1

第1章　少子化問題と家族政策……………………………………9

　　1　少子化の状況………………………………………10

　　2　家族政策の目的と手段………………………………19

　　3　出生率向上のための家族政策………………………26

　　4　各国の家族政策………………………………………33

第2章　労働市場と雇用政策………………………………………45

　　1　労働市場と雇用の国際比較…………………………46

2　各国の労働市場政策 58

　　3　日本の雇用システムと労働市場政策 77

第3章　最低所得給付と貧困問題 89

　　1　先進国の貧困と最低所得給付の国際比較 90

　　2　各国の社会扶助制度 99

　　3　日本の生活保護制度とその課題 108

第4章　公的年金制度 117

　　1　公的年金の意義と年金財政 118

　　2　各国の公的年金制度と改革 125

　　3　年金制度の国際比較 140

　　4　年金制度改革の動向 149

第5章　**医療供給と医療保険制度** ……… 157

　1　医療サービスの特性と医療供給 ……… 159

　2　各国の医療供給・公的医療保険制度 ……… 164

　3　医療と医療保険に関する国際比較 ……… 181

　4　医療保障制度改革の視点 ……… 190

　付録　各国の介護サービス・介護保険 ……… 199

おわりに ……… 208

参考文献 ……… 212

序章

社会政策をめぐる環境

社会保障制度や労働市場をめぐる環境は年々厳しくなっています。よく知られているように，日本は世界でもっとも高齢化の進んだ国です。社会保障には高齢者を対象とする制度も多く，高齢者の増加とともに社会保障給付費はさらに増加することが見込まれています。一方，その負担を主として担う現役世代を見ても，所得は伸びず社会保険料や租税等の負担だけが重くなっています。伝統的な日本型雇用形態も大きく変貌しつつあり，非正規雇用に留まる若者も増えています。近年の財政赤字の要因の一つは社会保障を支えるための歳出の増加ですが，財政赤字の累積によって公的債務も1,000兆円を突破してしまいましたが，財政のプライマリー・バランスは依然として改善されていません。

　こうして見ると日本は八方塞がりの状況にあると言っても過言ではないでしょう。しかしだからこそ，社会保障制度や労働市場に関する制度やパフォーマンスを改善していく必要があるのです。効率化や対象者の絞り込みを行いながら，持続可能な社会政策のあり方を検討していかなければなりません。そのためには，諸外国の制度を参考にし，日本のパフォーマンスの評価を国際比較の視点から行っていくことが欠かせないのです。

　はじめに，社会政策をめぐる環境を高齢化，社会支出，経済成長，財政状況の四つの点に絞り，その現状について見ていきたいと思います。

●────人口高齢化の国際比較

　2010年に行われた国勢調査の結果を見ると，日本の65歳以上人口比率は23.0％に達しました。20年前（1990年）の12.1％と比べ

るとおよそ2倍にあたる水準です。現在ではさらにこの比率は上昇し，2013年10月では25.1％（総務省統計局「人口推計」概算値）と25％を超えています。さらに75歳以上人口も2010年の国勢調査では11.1％と1割を超えています。

　高齢化の背景には出生率の低下と平均寿命の伸長があります。日本は世界でもっとも長寿の国とされています。2010年の国勢調査をもとにした平均寿命を見ると男性は79.55年，女性は86.30年でした。高齢化の進展は高齢者数の増加をもたらし，年金や医療，介護といった社会保障給付を増加させる要因になります。

　［図0-1］は，2010年における高齢化比率（65歳以上人口が総人口に占める比率）について主要10ヶ国の間の比較を行ったものです。すでに述べたように日本は23.0％で10ヶ国中，もっとも高齢化が進んでいます。ドイツ（20.4％）やイタリア（20.3％）もこの比率が20％を超えていますが，一方でアメリカは13.1％，カナダは14.1％と相対的に若い国といえるでしょう。

● ──── **社会支出の国際比較**

　高齢化が進めば社会保障等に関係する費用は多くなると考えられます。社会保障に関する給付額は日本では国立社会保障・人口問題研究所が毎年公表しています。これによると2011年度の社会保障給付額は107.5兆円でした（国立社会保障・人口問題研究所「社会保障費用統計」平成23年度）。その内訳を見ると，高齢者関係給付費は72.2兆円にのぼり，全体の67.2％を占めています。

　もっとも高齢化が進んでいる日本ですが，同様に社会保障給付額も諸外国と比べ多くなっているのでしょうか。社会支出の国際比

[図0-1] 65歳以上人口比率(2010年, %)

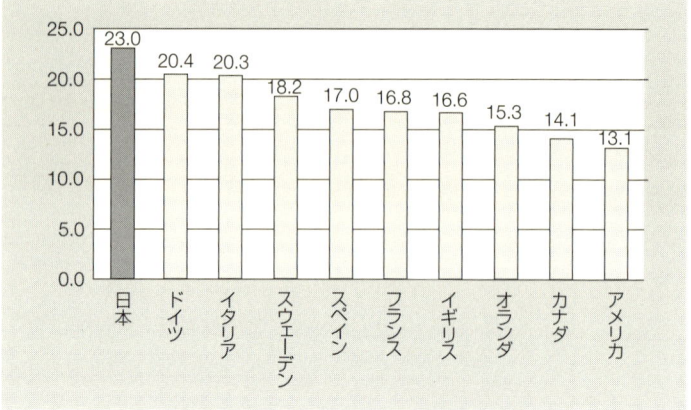

資料：UN, "World Population Prospects: The 2010 Revision", 総務省「国勢調査」

較から確認しておきましょう。なお、社会保障給付額は日本で主に使われている統計で、国際比較を行う場合はOECD（経済協力開発機構）が作成した社会支出統計を用います。社会支出は社会保障給付に加えて個人への給付以外の施設整備費なども含まれるより広い概念です。ちなみに、日本の2011年度の社会支出額は112.0兆円で、社会保障給付額をおよそ4.5兆円上回っています。

［図0-2］は、2012年の社会支出の対GDP比を上記と同様に主要10ヶ国の間で比較したものです。意外なことにもっとも高齢化が進んでいる日本ですが、社会支出の対GDP比は22.3％で、10ヶ国中下から3番目となっています。もっともこの比率が高いのはフランスで32.5％、次いでスウェーデンが28.1％となっています。高齢化

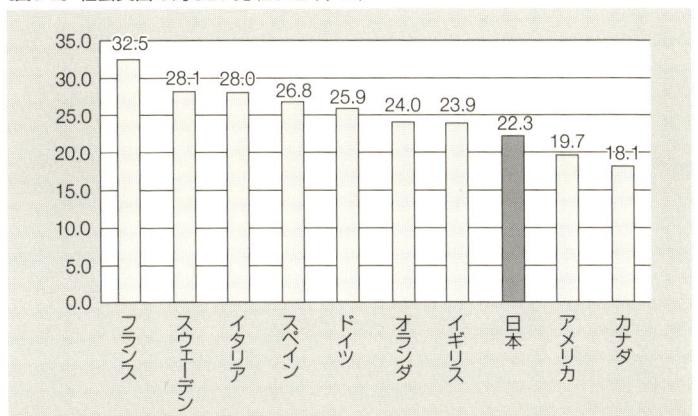

[図0-2] 社会支出の対GDP比（2012年，%）

国	%
フランス	32.5
スウェーデン	28.1
イタリア	28.0
スペイン	26.8
ドイツ	25.9
オランダ	24.0
イギリス	23.9
日本	22.3
アメリカ	19.7
カナダ	18.1

資料：OECD "Social Expenditure Database"
注：日本は2010年の値。

比率が20％を超えていたイタリアは28.0％，ドイツは25.9％でいずれも日本を上回っています。

このことをどう解釈すればいいのでしょうか。一つは高齢者を支援する仕組みが従来は政府ではなく，家庭や企業などが担ってきたという見方です（橘木（2005）など）。もう一つは実際に社会保障関連の仕組みが未成熟という見方です。いずれにせよ，さらなる高齢化を考えれば，今後，社会保障給付額はさらなる増加圧力を受けていると考えられます。

しかし，社会保障給付額を簡単に増加させられるだけの環境が備わっているとは思えません。その背景には経済成長の鈍化と膨大な公的債務の存在があります。

序章　社会政策をめぐる環境

●───── 経済成長率の国際比較

　経済が順調に拡大していけば，社会保障等の負担も相対的に軽くなるはずです。しかし日本の場合，1990年代冒頭のバブル経済の崩壊以降，「失われた20年」ともいわれる長い経済停滞に陥りました。2000年代前半には景気回復の兆候もあったのですが，リーマン・ショックを契機とした金融不況でデフレ経済からの脱却もままなりません。最近はやや景気回復の観測も出てきましたが，しかし人口減少が本格化する中で，堅実な経済成長を続けていくことは相当に難しいと考えられます。

　［図0-3］は，主要10ヶ国における2000〜2011年の間の名目経済成長率の平均を示したものです。財政危機に見舞われたイタリアの年平均0.7％に次いで，日本の経済成長率は0.8％と10ヶ国の中で2番目に低くなっています。ちなみに，この期間で最大の経済成長を示したのはスウェーデンで2.5％，アメリカも1.8％の経済成長を記録しています。

●───── 公的債務の国際比較

　日本の公的債務は2012年度末に1,142兆円（内閣府国民経済計算にしたがう一般政府総債務）と1,000兆円の大台を超えてしまいました。その背景には毎年の財政赤字の累積があります。政府は2020年にプライマリー・バランスを黒字化するという目標を掲げていますが，その実現は危ぶまれています。

　政府が公的債務を抱えることは先進国では共通ですが，しかしその水準を比較すると日本は飛び抜けています。OECD "Economic Outlook" から一般政府の公的債務の対GDP比を見ると2012年

[図0-3] 名目経済成長率(%)

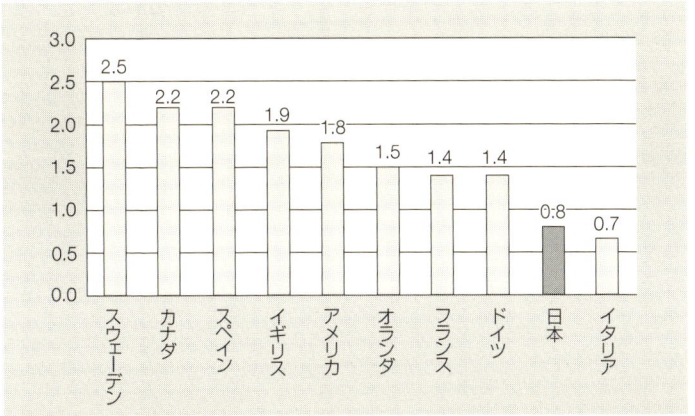

資料：OECD "Economic Outlook"
注：2000-2011年の各年名目経済成長率の平均である。

では日本は218.8％となっています。先進国では日本に次ぐ公的債務を有するのはイタリアですが，それでも142.2％とほぼ日本の2/3にすぎません。膨大な財政赤字を持つアメリカでさえ対GDP比で見れば102.1％ですから，日本の半分以下です。欧州の財政危機のきっかけとなったギリシャでさえ167.3％ですから，日本の公的債務の大きさがわかります。

これだけの債務を抱えていると，社会保障や雇用政策を充実しようとしてもその制約が立ちはだかることも容易に想像できます。債務を減らすには歳出を削減するか，増税を行うかどちらかしかありません。消費税率を5％から8％，10％に引き上げることとなった，「社会保障と税の一体改革」を見ても増税は政治的にも難しい面が

あります。増税の負担は主として現役世代にかかってくるのですから，現役世代にはさらに厳しい経済環境が待っているとしか言えません。

●───**本書の構成**

本書は，経済社会の厳しい環境の中にあって，社会の諸制度を持続可能なものとするにはどうすればいいか，という議論をサポートする主旨で，諸外国の社会保障制度や労働市場の動向などを紹介するものです。社会保障は大きく社会保険と公的扶助とに分類することができますが，年金や医療保険は前者に，最低所得保障は後者に属します。また，「はじめに」でも述べましたが労働市場の動向や雇用政策は社会保障制度と相互に密接に関連しています。最近では家族政策（少子化対策）もまた社会保障制度の一環として位置づけられるようになりました。

こうした点から，本書では少子化問題と家族政策，労働市場と雇用政策，最低所得給付と貧困問題，公的年金制度，医療供給と医療保険制度を取り上げ，日本と主要国の制度の概要，データに基づく国際比較などをできるかぎりわかりやすく説明していきます。

第1章
少子化問題と家族政策

少子化の議論が盛んになってずいぶん時間が経ちました。この間，多くの政権が交代し，その都度，さまざまな少子化対策を実施してきましたが，依然として解決の糸口は見えてきません。近年，出生率はやや下げ止まりを見せていますが，その水準自体はとても低いままです。したがって，現在の人口総数を維持することはできませんし，人口減少社会を回避することはほとんど不可能です。

　こうした状況にあるのは日本だけではありません。ヨーロッパではドイツやイタリアなども同じように少子化に悩んでいます。しかしその一方で，フランスやスウェーデンなどでは出生率は相対的に高く維持されています。少子化が進行している国とそうでない国にはどのような違いがあるのでしょうか。

　ヨーロッパなどの先進諸国では，子どもを持つ家族を支援するためのさまざまな政策が実施されています。これらの政策は「家族政策（family policy）」と呼ばれています。家族政策ということばは，私たちにとって少しなじみが薄いことばですが，ヨーロッパなどでは普通に使われています。家族政策は，出生率を引き上げることを直接の目的としているわけではありませんが，出生率が高く，少子化問題が深刻化していない国々ほど，家族政策が充実しているようです。本章では，ヨーロッパやアジア諸国などにおける家族政策を概観し，少子化問題打開のためのヒントを探りたいと思います。

1　少子化の状況

　はじめに，日本をはじめ，諸外国の少子化の状況を整理してお

きましょう。少子化とは，出生率の低下が持続的に続いている状況を指していますが，先進国の中でも日本のように少子化に直面している国もあればそうでない国もあります。

● 合計特殊出生率が意味するもの

少子化の状況を観察するには，出生率の推移を見る必要があります。では，出生率とは何でしょうか。

日本の2012年の合計特殊出生率（Total Fertility Rate, TFR）は1.41でした。この合計特殊出生率ということばは，今やマスコミなどで当たり前のように使われていますが，実際にその意味を知っている人は少ないようです。合計特殊出生率とは，女性が一生の間に平均して何人の子どもを生むか，という指標として一般的に紹介されています。

ある年に生まれた女性の出生経験を観察するには，その女性の一生を観察して，何人子どもを生んだのか，ということを追跡して記録しなければなりません。しかしそのためには，50年以上の時間がかかるでしょう。女性が子どもを持つことができるとされる年齢は生物学的に見て15～49歳だそうです。最近では50歳以上の女性の出産も珍しくありませんから，50年どころか，もっと年数がかかるでしょう。

そこで，各歳別の女性の出生率（母親の年齢ごとの出生数をその年齢の女性の人口で割った値）を足し上げて，擬似的な女性の一生を構成して出生率を計算します。これが合計特殊出生率です。2012年の合計特殊出生率が1.41であるということは，架空の女性が，2012年の各歳別の女性の出生率にしたがって子どもを生むと，一

生の間に1.41人の子どもを持つことになる，という意味になります。

● ─── **日本の出生率の動向**

それではまず，日本の戦後から現在までの出生率の推移から見ましょう。

戦後間もない頃，日本の合計特殊出生率は4.0を超えていました。それ以降，1975年に1.91を記録するまで，ほぼ一貫して合計特殊出生率は2.0を上回っていました。この2.0という水準は出生率の高低を判断する際の一つの目安となります。なぜなら，夫婦が子どもを2人持てば，ほぼその時点の総人口を維持できるからです（実際には親になるまでの間に死亡する子どももいますので，2.07程度の出生率が必要になります）。子どもを生むのは女性であり，したがって合計特殊出生率が2.0を超えれば人口減少に陥る心配はないということになります。1970年代の前半までは，出生率が2.0を大きく超えていましたので，現在とは反対に人口の急増が心配されていたほどです。

さて，1975年に1.91であった合計特殊出生率は1989年に1.57にまで低下しました。それまでは，1966年の1.58が当時において戦後，もっとも低い水準でした。実は1966年は干支の「丙午」にあたり，多くの女性が「丙午生まれの女性は気性が荒い」という迷信を信じて出産を先延ばししたために，一時的に出生率が低下したことがその理由です（[図1-1]を参照）。ちなみに，次の「丙午」は2026年ですが，もう迷信を信じる人はいないでしょう。この1.58という水準を1989年には下回ったということで「1.57ショック」ということばが生まれました。そして，これ以降，少子化問題の議論が活

[図1-1] 先進諸国の合計特殊出生率の推移

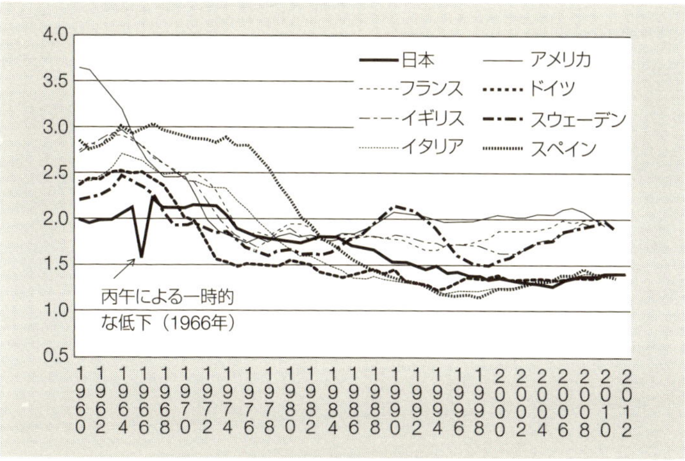

凡例：日本、アメリカ、フランス、ドイツ、イギリス、スウェーデン、イタリア、スペイン

丙午による一時的な低下（1966年）

出所：国立社会保障・人口問題研究所「人口統計資料集2013年度版」

発化しはじめたのです。

1990年代に入ると，長期的な経済の低迷とともに出生率は一段と低下を記録します。2005年には戦後最低を更新し，1.26にまで下がりました。その後，合計特殊出生率はやや下げ止まりし，2008年以降，若干上昇したものの，依然として低い水準に留まっています。

● ─── **先進諸国の出生率の動向**

先進国の中でも出生率低下に直面している国は少なくありません。しかしその一方で，合計特殊出生率の水準が2.0近辺にある

国も多く見受けられます。[図1-1]は1960年以降2012年現在までの，日本を含めた先進諸国8ヶ国の合計特殊出生率の推移を示したものです。

　この図が示すように，近年の出生率の水準について見ると，8ヶ国が大きく二つのグループに分かれていることがわかります。出生率が高く，少子化がそれほど問題となっていない国が，アメリカ，イギリス，フランス，スウェーデンの4ヶ国です。その一方で，出生率が低迷しているのは，日本を含め，ドイツ，イタリア，スペインです。この二つのグループを見ると前者が第二次世界大戦の戦勝国であるのに対し，後者は敗戦国もしくは旧ファシズムの国にそれぞれ数えられます。もちろん，戦勝国かどうかということだけで出生率に違いが生じるわけではありませんが，とても興味深い対応です。

　まずは合計特殊出生率が比較的高い4ヶ国の状況を見てみましょう。アメリカは1980年代以降，この4ヶ国の中でも出生率がもっとも高い国です。1980年の合計特殊出生率は1.84でしたが次第に逓増し，1989年に2.01に達すると，これ以降ほぼ2.0を上回っています。この期間，日本の出生率は低下傾向にあることと対照的です。アメリカの出生率の高さはプエルトリコ系など高い出生率を誇る移民によるものの他，人種を問わず比較的高い出生率を維持していることが原因のようです。ちなみにイギリスを含め，アングロサクソン系の国は比較的出生率が高いようです。

　次はフランスです。フランスの1970年の合計特殊出生率は2.48でしたが，急速に低下し1993年には1.66にまで落ち込みました。しかしこれ以降，急速に出生率の回復が進み，2010年には2.0に達しました。この回復の背景には，政府による手厚い家族政策が

あるとされています。この点については後で詳細に述べます。

　フランスと同様に一度低下した出生率を回復させた経験を持つ国がスウェーデンです。スウェーデンは1980年の1.68から1990年には2.14にまで急速に出生率が上昇したものの，再び低下し1999年には1.50まで下がりました。しかしここから再び出生率は上昇し，2011年には1.90となっています。スウェーデンの場合も家族政策の動向が出生率の変動に影響を与えていると見られています。

　スウェーデンほどではないものの，イギリスもまた出生率の低下から再び回復を果たした国です。イギリスの出生率は2001年に1.63にまで落ち込みましたが，2010年では1.98に戻っています。このように，比較的出生率が高い4ヶ国の中でも，フランス，スウェーデン，イギリスの3ヶ国は1990年代後半以降，出生率の回復を遂げたという点で共通項を持っているといえるでしょう。

　一方，ドイツ，イタリア，スペインの3ヶ国は日本と同様に，一貫して出生率が低下しています。ドイツは1971年に1.97と2.0を下回って以降，1994年に1.24まで下がり，出生率の低下速度は日本よりも急でした。その後やや持ち直したものの，2011年でも1.36と日本とほぼ同じ水準に留まったままです。

　イタリアもまた出生率が低下した国の一つとしてよく知られています。イタリアの出生率は1970年代後半以降，一貫して低下し1995年に1.19にまで低下しました。しかしイタリアもドイツ同様に何とか下げ止まり，その後やや回復を見せました。それでも2010年で1.41と，本格的に出生率が回復したとは言えません。スペインも同じような状況を見せています。

　以上をまとめると，ドイツ，イタリア，スペインの3ヶ国は1990年

代中盤に出生率が底を打ち、やや回復を示しているという共通点が見られます。これに対して、日本の場合は、2005年にこれまでの出生率の最低値（1.26）を記録し、そこからほんのわずかですが出生率が回復しはじめました。したがって、上記3ヶ国と比べ出生率の改善傾向におよそ10年間の遅れがあると見ることができます。

● ── **アジア諸国の出生率の動向**

アジア諸国の出生率はどうなっているでしょうか。［図1-2］は日本の他、アジア5ヶ国（韓国、香港、タイ、シンガポール、台湾）の出生率の推移を示したものです。どの国を見ても一貫して出生率が低下していることがわかります。

韓国の出生率は1970年の4.5から急速に低下し、2005年には1.08という低水準となりました。その後も回復は遅れ、2010年は1.23と日本の1.39を下回る水準にあります。また、香港も2007年に1.02となり、2010年でも1.1に留まっています。シンガポールも同様に2010年では1.15と深刻な少子化問題に直面しています。しかし、それ以上に危機的な出生率低下にあるのが台湾です。2010年の台湾の出生率は0.9と1.0を下回り、国全体としては、いまだ他国がほとんど経験していない低水準にまで落ち込んでいます。

タイの出生率は2009年で1.8と、比較した他の国と比べると高い水準にあります。しかし、近年の経済発展とともに出生率は低下傾向にあり、油断はできません。このように、アジア諸国の出生率の低下傾向はほぼ共通していて、また日本以外には出生率の下げ止まった国がないことから、少子化はヨーロッパ諸国以上に深刻であると考えられます。

[図1-2] アジア諸国の合計特殊出生率の推移

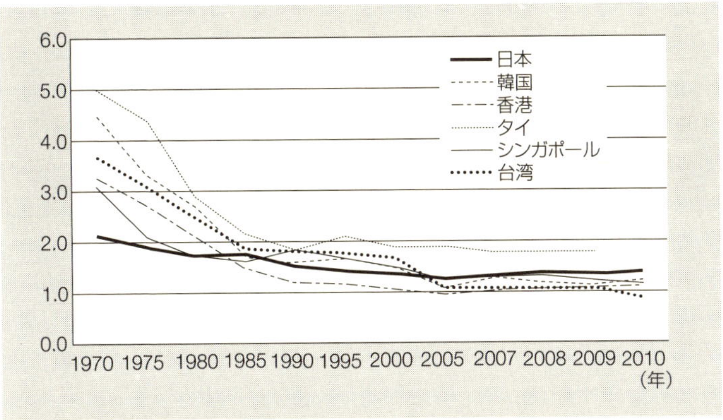

資料：内閣府「平成25年版　少子化社会対策白書」

● ——— **各国の少子化状況に対する評価**

　今まで見てきたように，国ごとに少子化の状況はさまざまです。では，各国政府はこうした少子化の状況をどう考えているのでしょうか。

　国連では各国の出生率と少子化対策（fertility policy）の状況に関して，その国の政府の評価をまとめて公表しています（UN（2011）参照）。主要国の2009年の評価を見てみましょう。

　最初に［図1-1］にある8ヶ国を取り上げます。日本の政府は，「出生率は低すぎる（too low）」，また出生率対策では「引き上げる（raise）」と回答しています。ちなみに1986年の同調査では，出生率（当時の合計特殊出生率は1.72）に関しては「満足している

第1章　少子化問題と家族政策　17

(satisfactory)」、出生率対策では「介入しない(no intervention)」としていました。状況が大きく変わったことがわかります。

　アメリカ、イギリスおよびスウェーデンの各政府は、出生率に関しては「満足している」、出生率対策では「介入しない」と回答しています。その一方、フランスは出生率に関しては「満足している」ものの、出生率対策では「引き上げる」としています。フランス政府は積極的に少子化対策に取り組んでいることがわかります。

　低出生率に直面しているドイツ、イタリア、スペインはいずれも出生率は「低すぎる」、出生率対策では「引き上げる」としていて、日本と同様の回答でした。また、アジア諸国では韓国とシンガポールも同様の回答でしたが、タイは出生率に関しては「満足している」、出生率対策は「現状を維持する」としています。

　ちなみに、アフリカ諸国は高い出生率と急激な人口増加に悩んでいます。そのため、出生率が低い国と対照的な評価になっています。その代表的な例を見てみましょう。ニジェール政府（同国の出生率は7.2）は、出生率は「高すぎる(too high)」、出生率対策では「引き下げる(lower)」としていますが、同じように高い出生率であるチャド政府（出生率6.2）では出生率は「高すぎる(too high)」としながらも出生率対策では「介入しない」としていて、政府による考え方の違いが出ています。

　なお、世界の人口大国である中国（出生率1.6）とインド（出生率2.7）については、中国が出生率に関しては「満足している」、出生率対策は「現状を維持する」としている一方、インドはそれぞれ「高すぎる」、出生率対策では「引き下げる」と回答しています。

2　家族政策の目的と手段

　この節では，本章の主要なテーマである，「家族政策とは何か」，という点を整理します。家族政策の目的や手段，そして政府が支出している費用の状況などについて国際比較を行います。

● ──── **家族政策の目的**

　家族政策(family policy)ということばはヨーロッパ諸国では一般的に使われていますが，日本ではあまりなじみがありません。それよりも，むしろ少子化対策あるいは育児支援策ということばのほうが一般的でしょう。

　家族政策の目的は多岐にわたっています。OECD(2011)では家族政策の目的を，「出生促進策，仕事と家庭生活の両立(ワークライフ・バランス)，女性の就業支援，男女の共同参画社会，子どもの貧困の防止，幼少期の子どもの発達支援(教育等)」と幅広く捉えています。

　また，テヴノン(Thévenon(2011))は，家族政策の目的をおおむね四つに分けています。第一は，女性の仕事と家庭生活のバランスおよび女性の労働参加を支えるというものです。これはファミリー・フレンドリーな政策とも呼ばれ，育児休業制度や就業を継続するための支援などがその具体的な政策となります。第二は，ジェンダー格差の是正です。上記OECD(2011)と同様に，家族政策の目的の一つは男女の共同参画社会を実現するというものです。第三は，幼少期の児童の発達に関する支援であり，公的なチャイルド・ケア・システムの整備や保育支援などがこれにあたります。そして第四に，

出生率の引上げがあります。ただしテヴノンは，出生率の引上げを家族政策の明確な目的にしている国は少ないとも付け加えています。

　また，ローマンら(Lohmann *et al.* (2009))の論文では，EUの家族政策には三つの目的があると論じています。第一は子どもの厚生の改善，第二はジェンダー格差の是正，第三はワークライフ・バランスの実現，というものです。これらの三つの目的は相互に関連しており，例えばワークライフ・バランスがうまくいっているほど，親の生活に対する満足も高くなり，そのことによって子どもの厚生水準が高められると述べています。ローマンらの論文では以上の三つの家族政策の目的を示したうえで，出生率の低い国にあっては出生率を引き上げることも四番目の目的になるかもしれないとしています。しかし加えて，出生率の引上げは少子化に直面している国における関心は高いかもしれないが，EU全体としては家族政策の目的となっていない，と述べるとともに，出生率が低い国にあっても公的な政策の目的として出生率の引上げを明確に目標として掲げている国は少ないと論じています。

　ヨーロッパ諸国では家族政策がより広範な目的を目指している一方，現在の日本では広い意味での家族政策というよりも育児支援という側面が強調されることが多いようです。ちなみに日本でも従来から少子化対策ということばを用いて出生率向上政策を実施してきました。しかし，2009年に自公政権から民主党政権に政権交代した後，「子ども・子育て支援」という名称に変更され，少子化対策という名称が一時期消えていました。

　このように，家族政策と少子化対策では具体的な政策の中身に

は共通したものが多く，以下では少子化対策と家族政策をほぼ同義で捉えることとします。なお，ヨーロッパ諸国などの事情を説明する場合には家族政策と表現し，日本の状況を紹介する際には少子化対策ということばを用いることとします。

家族政策の手段

　家族政策の目的を実現するための手段には主として三つの方法があります。第一は，現金給付（in-cash）です。日本では児童手当がこれに該当します。また，家族数に応じた税制上の控除なども直接的な給付ではありませんが，現金給付の範疇に分類されます。第二は，現物給付（in-kind）です。これは，保育施設の整備や幼少時の教育（就学前教育や就学援助），あるいは教育扶助などのための支出などです。

　第三は，時間給付（in-time）と称されるものです（Thévenon（2011））。これは少しわかりにくいかもしれません。具体的には，出産休業や育児休業制度など，育児・就業の両立支援を可能にする諸制度を指します。こうした制度の整備は，主として女性にとっての就業継続を促すものであり，出産・育児で労働市場から退出を余儀なくされないという意味で，一生における時間の使い方の効率化が実現できることから，時間給付と呼ばれるのです。

　これらの家族政策の手段の使われ方は国によって大きく違います。例えば現金給付についても，これをすべての子どもを持つ世帯を対象にするのか（これをユニバーサルな政策といいます），それとも所得制限等を設けて低所得層に対象を絞るのか（これをターゲッティングといいます），によっても政策の目的は異なるものになるでしょう。

子どもの貧困を防ぐため，ということであれば低所得層に焦点を当てた給付になるでしょうし，出生率向上を最大の目的とするのであればよりユニバーサルな仕組みになると考えられます。また，育児休業制度についてもその期間や取得する親の条件によって効果は変わってくるでしょう。長期にわたる育児休業制度は，仕事に戻るチャンスの選択肢を広げることを意味しますが，しかし雇用側の負担は大きくなります。また，育児休業期間のうち父親のみが取得できる期間を定めること(いわゆるパパクオータ，41ページ参照)によって男性の育児参加を促すこともできるかもしれません。

　近年のOECD諸国では，家族政策の手段としては現金給付がもっとも一般的ですが，現物給付も増加しています。また，税制上の控除制度の普及も進んでいます（OECD（2011））。これらの手段を適切に組み合わせて，家族政策の目的を遂行することが必要ですが，どのような組み合わせが目的の遂行にとってもっとも有効なのか，という点については決定打がないというのが実情です。

● ─── **家族政策のための支出**

　OECD諸国における家族政策のための支出の規模を見ておきましょう。［図1-3］はOECD "Social Expenditure Database" をもとに，2009年時点の家族政策に関わる政府支出(現金給付，現物給付，税制上の控除)を国ごとに比較したものです。対象とした国は33ヶ国で，支出水準は対GDP比(%)で計っています。

　家族政策に関わる支出の33ヶ国の平均は対GDP比で2.61％でした。しかし図からわかるように，そのバラつきは大きくなっています。家族政策の支出額が対GDP比で4％を超えている国はアイル

[図1-3] 家族政策の支出(2009年, 対GDP比, %)

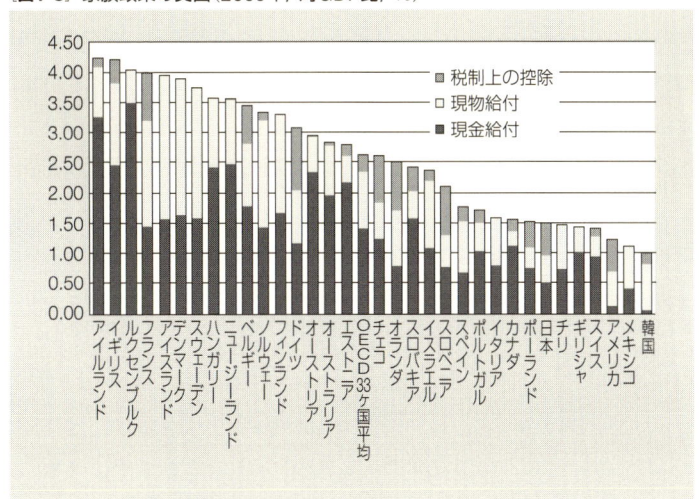

資料：OECD (2010). OECD "Social Expenditure Database"

ランド(4.24％)，イギリス(4.22％)，ルクセンブルク(4.04％)の3ヶ国でしたが，反対に韓国(1.01％)とメキシコ(1.11％)は1％程度となっています。その他，主要な国の支出規模を見ると，フランス3.98％，スウェーデン3.75％，ドイツ3.07％，スペイン1.77％，イタリア1.58％，アメリカ1.22％などでした。残念なことに，日本は1.48％と33ヶ国中下から7番目の支出規模となっています。

　[図1-3]にある家族政策のための政府支出を，現金給付，現物給付，税制上の控除ごとに見ていきましょう。OECD33ヶ国の支出規模の平均は2.61％でしたが，これを三つの区分ごとに見ると，

現金給付が1.41％，現物給付が0.94％，また税制上の控除が0.28％でした。このように，平均で見ると現金給付が総額の半分以上を占め，もっとも主要な政策手段となっています。しかし国によっては現物給付が支出の半分以上を占めるという意味で，現物給付中心に家族政策を行っているところもあります。アイスランド，デンマーク，スウェーデン，ノルウェーなどがこうした国であり，またフィンランドも比較的現物給付の割合が高いといえます。総じて北欧諸国は現物給付が政策の中心を担っているようです。

　一方，税制上の控除が対GDP比の0.5％を超え，主要な政策手段の一つとしている国としてはベルギー，チェコ，フランス，ドイツ，オランダ，スロバキア，アメリカなどがあります。なお，［図1-3］では日本も税制上の控除が大きい国と見られますが，それはOECDがデータを収集した時点では年少扶養控除（0〜15歳の子どもがいる家庭では所得税から1人当たり38万円，住民税から33万円の控除が認められていた）が制度としてあったためです。2012年に年少扶養控除は，民主党政権が子ども手当を導入する際の財源に充当するとして廃止されていますので，現在では少し様相が違うことに留意してください。

　家族政策が社会に占める重要性は，単に政府支出の規模を見ただけでは判断できないかもしれませんが，しかし一つの目安にはなるはずです。その意味では日本の支出規模はOECD33ヶ国の平均以下であり，かつ税制上の控除が廃止された点を考慮すると，家族政策の充実度は低いといわざるを得ません。

　［図1-4］は，国ごとの現金給付と現物給付の状況を散布図にしたものです。OECD33ヶ国の平均を基準として四つの象限に区分し

[図1-4] 現金給付と現物支給（2009年，対GDP比，％）

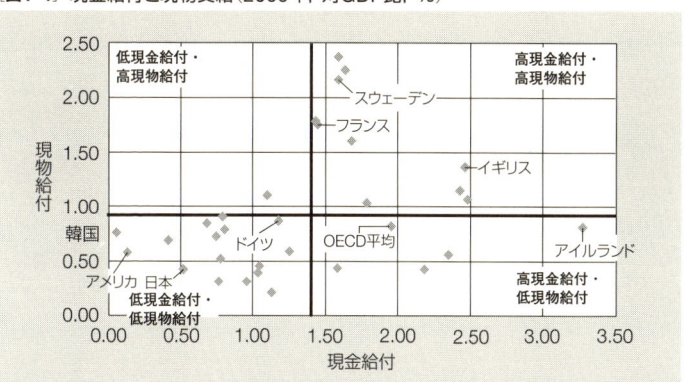

資料：OECD（2010），OECD "Social Expenditure Database"

てその特徴を整理してあります。右上の象限に位置する国は対GDP比で現金給付も現物給付も高い国であって，スウェーデン，イギリス，フランスなどが属しています。右下の象限は，現金給付の水準は高いものの現物給付は低い国でアイルランドなどがあてはまります。左下の象限，すなわち現金給付も現物給付も低い国には日本，アメリカ，ドイツ，韓国などが含まれています。ちなみに両者の相関係数を測ると0.200となり，必ずしも現金給付の水準の高い国は現物給付の水準も高いとは限りません。言い換えると，家族政策のための支出を現金か現物か，いずれかの政策にウエイトをかけて配分していると解釈できます。

● ──── **育児休業制度の国際比較**

　次に育児休業制度の概要を示しておきましょう。出産・育児に関わる休業制度には出産休暇と育児休業があります。両者とも雇用を保障したうえで休業が認められる制度ですが、前者は出産前後で、後者は出産休暇期間の後で父母が育児のために取得できる休業です（なお国によっては出産休暇の一部が含まれる場合もあります）。また、育児休業制度で認められる休業には、就業時の賃金の一定割合が支給される休業と、無給となる休業の二つがあります。

　育児休業の最長期間を見ると、国ごとに大きく異なっています。ドイツとスペインの育児休業期間は156週間（3年）、スウェーデンは60週間、日本は52週間(1年)、韓国は45.6週間、イタリアは24週間、イギリスは13週間などとなっていて、アメリカにはこうした公的な休業制度はありません（以上、2009年の場合）。なお、育児休業の期間の比較は、各国で独自のオプション等を用意していますので、単純な比較はなかなかできません。例えば、日本の場合は52週間(1年)となっていますが、父母が共に休業を取る場合には60週間に延長されます（パパ・ママ育休プラス制度）。他国にも同様な制度があります。

3　出生率向上のための家族政策

　家族政策の目的は出生率向上だけではありませんが、日本では家族政策に含まれるメニューが少子化対策の手段として用いられています。ここでは、出生率向上のための家族政策にはどのような

ものがあるか，概観します。

● 現金給付と現物給付の経済学

就学前の子どもを持つ家族を支える手段としては，児童手当のような現金給付と保育所整備などの現物給付があります。すでに見たように，OECD諸国では家族政策の目的を実現するため，この二つの手段をさまざまに組み合わせて実行しています。現金給付を中心とする国や反対に現物給付を主要な政策としている国がありました。

現金給付と現物給付のいずれが好ましい政策か，という議論は長い間続いています。現金給付を支持する考え方は，それぞれの家庭にとって母親が仕事から離れ育児に専念できるようになるだけでなく，育児サービスの購入に対する経済的な補助にもなるというものです。一方，現物給付が好ましいとする考え方は，保育所の充実など育児支援サービスの供給が増えてその利用が拡大し，女性の就業継続を容易にするというものです（Förster and Verbist (2012)）。もちろん，現金給付だけ，あるいは現物給付だけ，ということではなく，実際には両者を組み合わせて家族政策が行われています。両者の選択に関わる議論について，少し詳細に見ておきましょう。

一般に育児支援などのサービスを提供する事業者にとっては現金給付のほうが好ましいとされます。また，現金給付は子どもを持つ親の，育児支援サービスへのアクセスを容易にして，その結果，育児支援サービス産業の市場を拡大させる方向に働きます。市場が拡大すれば，これが競争を促して育児支援サービス産業自体の

効率化をもたらすことになるでしょう。このように現金給付は、市場経済において資源の最適配分はあくまでも市場によって行われるべきであり、所得分配の公平性の維持は各人の購買力の移転によって実現すべきという考え方(消費者主権)に沿った政策手段です。

しかし現金給付の短所としては、その使い道に条件が付されていないため、果たして子どもの厚生の改善に使用されているのか、という問題が生じます。日本の児童手当や子ども手当をめぐる議論でも、これが両親の飲食等に費やされる、あるいは貯蓄にまわってしまうという側面が指摘されています。

現物給付は、一般に使い道を限定した給付政策です。そのため、現金給付の場合のように他の使途に流用されず、家族政策の目的のために必ず使われるという特徴を有しています(医療保険や介護保険制度、あるいは生活保護での医療扶助等の給付が現物給付となっているのはこうした理由からです)。加えて、育児支援サービスの整備は、家族政策の重要な目的である女性の就業継続に資するものであって、好ましい影響を有すると考えられています。しかし、その一方で、現物給付がユニバーサルな育児支援サービスの提供に留まり、個々の消費者の嗜好に沿ったサービス供給となりにくいこと、またこうした支援が育児支援サービス産業の既得権益化する可能性があることなどの指摘もあります。

以下では、出生率向上を家族政策の目的とした場合、どちらの政策のほうが有効であるかを考察してみましょう。

●──出生率向上への効果

前節で見たように、一般的には出生率向上は家族政策の直接

[図1-5] 家族政策と出生率（2009年）

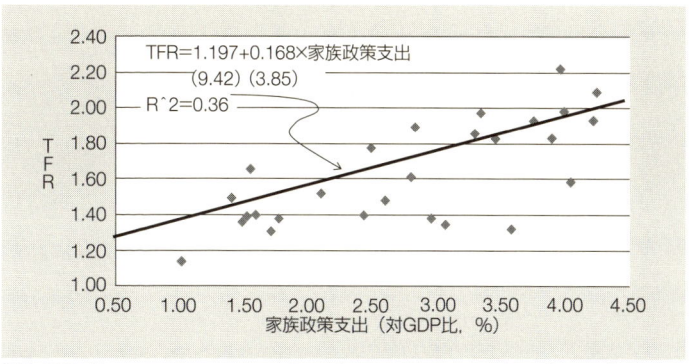

TFR=1.197+0.168×家族政策支出
　　　(9.42)　(3.85)
R^2=0.36

横軸：家族政策支出（対GDP比，%）
縦軸：TFR

資料：OECD "Social Expenditure Database", UN "Demographic Yearbook", EU "Eurostat"

的な目的とみなされません。しかし結果として，家族政策の実施は出生率を高める効果を持つと考えられます。このことを簡単な実証分析で確認してみたいと思います。

［図1-5］は，OECD諸国のうち，合計特殊出生率（TFR）と家族政策支出の水準（対GDP比，［図1-3］参照）の双方のデータが2009年時点で得られた28ヶ国を対象に，この二つの変数の関係を示したものです。データをプロットすると，家族政策に対する支出の水準が高いほど出生率が高いという結果が見られます。これは，現金給付や現物給付などの形をとる家族政策によって，ワークライフ・バランスや女性の就業支援，育児サービス支援が充実し，これによって出生率が高まると解釈することができます（その意味では出生率向上は，家族政策がもたらす副次的効果であって，したがって家族政策の

間接的な目的であると位置づけられます)。

合計特殊出生率と家族政策支出の水準の間の単回帰の結果を見ると、対GDP比で1％だけ家族政策支出が上昇すると、おおむね合計特殊出生率は0.168ポイント上昇することになります。単純な想定ですが、この関係が堅固なものであれば、日本の家族政策の支出水準がOECDの平均並みになると合計特殊出生率は1.56程度に、またフランスなどの4.0％程度になると合計特殊出生率は1.8程度まで上昇することになります。

家族政策の支出を現金給付と現物給付に分けて同様な分析を行ってみました。合計特殊出生率を被説明変数に、また現金給付、現物給付の水準(いずれも対GDP比)を説明変数として回帰分析を行った結果が次の式です。なお、決定係数は0.40であり、括弧内はt値を示しています。なおすでに述べたように、現金給付と現物給付の間の相関は小さいので、推定における多重共線性の心配はありません。

$$\text{合計特殊出生率} = \underset{(12.53)}{1.282} + \underset{(1.44)}{0.075} \times \text{現金給付支出} + \underset{(3.89)}{0.275} \times \text{現物給付支出}$$

推定結果のt値を見ると、現物給付(t値は3.89)は合計特殊出生率に対して有意に正の影響を与えていますが、現金給付は有意な係数(t値は1.44)が得られていません。すなわち統計学的な観点からすると、家族政策のうち現物給付は出生率向上をもたらすものの、現金給付は出生率上昇に寄与しているとは言い難い、ということです。もちろん、このことから家族政策としての現金給付が不要であるということではありません。子どもの貧困の解消や育児サ

ービス購入を拡大させるなどに関しての有効な政策手段であることには変わりないでしょう（Förster and Verbist（2012）では，すべての現物給付を同額の現金給付に変換すると，子どもの貧困の減少にはより効果的であるというシミュレーションを行っています）。一方，日本のように少子化対策を全面に押し出した家族政策を重視するのであれば，待機児童解消や保育の充実といった現物給付を拡充したほうがいいという結論が得られることになります。少なくとも，対GDP比で0.45％に留まる日本の現物給付の水準をOECD33ヶ国の平均である0.94％程度まで引き上げることは，少子化対策としては必要ではないでしょうか。

女性の就業支援と出生率

次に，女性の就業支援と出生率の関係について考えてみましょう。女性の就業と出産・育児の両立ができなければ，仕事を選ぶか子どもを選ぶかの選択を迫られ，その結果，仕事を選んだ女性が子どもを持つことをあきらめ，出生率が低くなると考えられます。その反面，女性の就業継続が可能であれば，出生率は相対的に高くなると期待できます。

［図1-6］は女性の25〜54歳労働力率と合計特殊出生率の間の関係をプロットしたものです。対象とした国は上記と同様の28ヶ国，データの時点は2009年です。なお，女性の就業継続の代理変数として労働力率を用いています。両者の関係を見ると女性の労働力率が高いほど合計特殊出生率が高いという関係が見られます。回帰分析を行っても両者の関係は統計的に有意でした。このことから，家族政策が女性の就業継続をもたらすのであれば，そのこ

[図1-6] 女性の労働力と出生率(2009年)

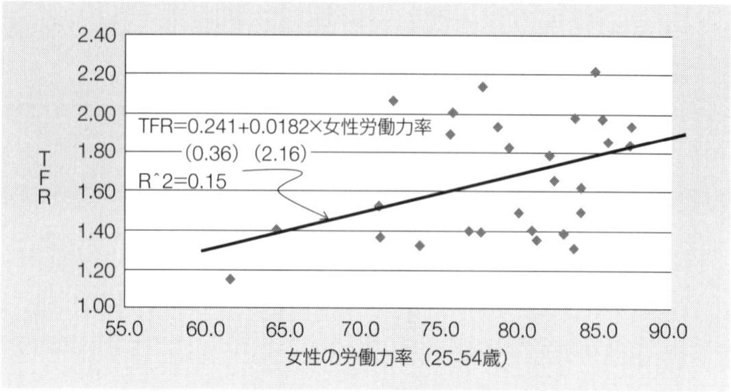
2.40
2.20
2.00
1.80
1.60
1.40
1.20
1.00
TFR
TFR=0.241+0.0182×女性労働力率
(0.36) (2.16)
R^2=0.15
55.0
60.0
65.0
70.0
75.0
80.0
85.0
90.0
女性の労働力率 (25-54歳)

資料:OECD "Social Expenditure Database", UN "Demographic Yearbook", EU "Eurostat"

とによって出生率が高まるという結論が得られそうです。

なお,こうした女性の労働力率と出生率の正の関係は近年になって現れた現象のようです。例えば内閣府(2005)では,女性の労働力率と出生率のクロスカントリー分析を1970年,1985年,2000年の3時点で行っていますが,1970年では両者には負の関係が,また1985年では両者にはほぼ無相関な状況が観測されていました。ようやく2000年になって正の関係が現れたことが報告されています。また,Kögel(2004)は1960年から2000年まで毎年の女性の労働力率と出生率の相関関係を計算し,1980年代中盤を境に両者が負の関係から正の関係に変化したことを紹介しています。このことは,近年の家族政策の充実が,女性の就業と出産・育児の両立を可能とし,これが出生率を引き上げたと解釈できます。

4 各国の家族政策

 本節では日本をはじめ,フランス,スウェーデン,ドイツなど各国の家族政策の概要を紹介します。各国で多様な家族政策が行われていますが,以下では少子化対策と関連する家族政策を中心に見ていきます。

● ──── **日本の少子化対策**
〈1. これまでの経緯〉

 1990年に明らかになった「1.57ショック」(1989年)を契機に,政府は1994年に初めての少子化対策であるエンゼル・プランを策定しました。エンゼル・プランは,子育てを夫婦だけでなく,職場や地域社会など社会全体で支援していくことを目的とした政策メニューの集まりで,計画期間は1995〜99年度でした。しかしながら,この間に目立った出生率の改善は見られず,政府は1999年に改めて「少子化対策基本方針」を閣議決定するとともに,新エンゼル・プランの策定を行いました。新エンゼル・プランでは,①保育サービスなど子育て支援サービスの充実(0歳時保育や延長保育,休日保育などの充実),②仕事と子育ての両立のための雇用環境の整備(育児休業制度,再就職支援の充実),③働き方についての固定的な性別役割分業や職場優先の企業風土の是正,などが柱となっていました。

 2003年には,少子化対策のための二つの重要な法律が成立しています。一つは「少子化社会対策基本法」です。この法律は,少子化に関する施策の基本理念などを示し,少子化は個人や家

庭の問題から社会の問題となったという認識を強調して，①雇用環境の整備，②保育サービス等の充実，③地域社会における子育て支援体制の整備，④母子保健医療体制の充実，などの必要性を提示したものです。

　もう一つは「次世代育成支援対策推進法」です。この法律は少子化対策に関する国，地方公共団体，企業などの具体的な行動計画の策定を指示したものです。企業にあっても，労働者を301人以上雇用する場合は，少子化対策のための行動計画を策定し，都道府県に届けなければならないことになりました。地方自治体でも，地方版エンゼル・プランの策定などを行うことになっています。

　いくたびにわたる少子化対策の実施を経ても，出生率が改善する様子はなく，2005年には合計特殊出生率が1.26と過去最低水準を更新しました。そのため，2006年に少子化対策会議（首相および全閣僚で構成）において「新しい少子化対策」が策定されました。「新しい少子化対策」では，今までの少子化対策の抜本的な拡充・強化・転換を図るため，①社会全体の意識改革，②子どもと家族を大切にする視点，の二つを重視した政策メニューを盛り込みました。

　民主党が政権を獲得した後，2010年には新たに少子化社会対策会議を経て「子ども・子育てビジョン」が閣議決定されました。「子ども・子育てビジョン」では，「子どもが主人公（チルドレン・ファースト）」という概念の下で，これまでの「少子化対策」から「子ども・子育て支援」へと視点を移し，社会全体で子育てを支えることを目的としました。

　このように，対策だけは何度も打ち出されています。しかしすで

に見たように,そのための関連支出は他国と比較しても十分とは言えません。政府が本腰で少子化対策を行うのであれば,十分な予算措置が必要です。2015年10月に10％となる消費税率引上げによる増収分は社会保障関連経費に使われますが,子ども・子育て支援には0.7兆円程度しか充当されない予定です。ぜひより多くの予算を少子化対策に支出してほしいものです。

〈2.現金給付〉

日本における代表的な現金給付政策は児童手当の支給です。児童手当制度は,1972年に児童手当法に基づき,多子による生活困難を支援するための社会保障制度として発足したものです。制度の発足時には第三子以降を対象に月額3,000円が支給されていました。ただし,生活困難の支援という目的のため,所得制限がありました。

1986年には支給対象が第二子以降になり,さらに1992年には第一子にまで対象が拡大されると同時に,少子化対策という目的を前面に出して,対象年齢を3歳未満としました。その後,手当額,対象年齢,所得制限の引上げが順次行われ,手当額は3歳未満は一律1万円,3歳以上は第一子・第二子が月額5,000円,第三子以降が月額1万円,また支給対象は小学校6年生(12歳)までとなりました。

2009年の総選挙で政権を獲得した民主党は,所得制限なしで月額2.6万円の子ども手当の支給をマニフェストの目玉として掲げ,児童手当を廃止しました。その財源の一部としてそれまで制度化されていた所得税等の年少扶養控除も廃止されたのです。しかしな

がら，子ども手当の財源の問題が決着せず，子ども手当は2010年4月から2011年9月までは月額1.3万円の支給に留まりました。その後，2012年度からは再び児童手当に名称を変換し，所得制限（2013年度では夫婦と児童2人世帯の場合960万円）を課して3歳未満と3歳から小学生の第三子以降については児童1人当たり月額1.5万円，3歳から小学生の第一子・第二子と，中学生については児童1人当たり月額1万円が支給されています。また，2013年度では特例として所得制限額以上の世帯に対しても児童1人当たり月額5,000円を支給しています。

〈3.育児支援等〉

育児休業制度は，「育児休業，介護休業等育児又は家族介護を行う労働者の福祉に関する法律」（以下，育児・介護休業法）によって設置された制度です。育児・介護休業法は1991年度に制定され，その後何度かの改正が行われ，最近では2010年に改正が行われています。この法律の目的は，仕事と育児・介護との両立を支援することであり，そのために事業所に育児・介護休業制度や時間外労働の制限，勤務時間短縮の制度などを設ける，としたものです。

父母は，子どもが1歳に達するまでの間（保育所の空きがないなどの場合は1歳6ヶ月までの間），育児休業を取得できることになっています。さらに2010年6月から，父母がともに育児休業を取る場合には，子が1歳2ヶ月（従前は1歳）になるまでの間，1年間の育児休業が可能になる（パパ・ママ育休プラス制度）といった改正や，3歳までの子どもを養育する労働者に対する短時間勤務制度（1日6時間）の設置の

義務化などが加わりました。

　育児休業制度は徐々にではありますが，浸透してきています。1996年度では49.1％であった女性の取得率は2012年度には83.6％にまで上昇しています。しかし，男性の取得率は2012年度で1.9％に留まり，厚生労働省が掲げた10％という目標には遠く及びません。育児休業を取得した労働者には，雇用保険制度が定める雇用継続給付である「育児休業給付金」が育児休業期間中に支給されます。その水準は，2014年4月以降から休業する場合，最初の半年間は休業開始時の賃金月額の67％で，それ以降は50％です。

　育児支援サービスの提供に関しては，待機児童の問題が深刻となっています。政府（厚生労働省）は2008年に新待機児童ゼロ作戦を策定し，「希望するすべての人が子どもを預けて働くことができるためのサービスの受け皿を確保し，待機児童をゼロにする」という目標を掲げましたが，2012年10月段階では保育所への入所の待機児童数は46,127人にのぼるなど，ここ数年高止まりしています。とりわけ，都市部での待機児童数が多く，また低年齢児童に対する保育サービスが不足しており，3歳未満の待機児童数の割合が大きくなっています。

● ─── **フランスの家族政策**

　フランスの合計特殊出生率は2010年に2.0であり，一見すると少子化とは無縁の国に見えます。しかしその背景には，充実した家族政策があることを見逃すわけにはいきません。ここではフランスの家族政策の柱である，家族手当，税制控除，育児休業制度と

その間の所得補償,保育サービス供給の四点を中心に概観したいと思います。なお,フランスでは家族政策はCNAF(全国家族手当金庫)を中心に運営されており,家族手当や乳幼児迎入手当はCNAFが担っています。その財源は社会保障拠出金,一般社会拠出金および公的負担によります。社会保障拠出金は事業主が支払う社会保障のための負担金であり,一般社会拠出金(CGS)はフランス独自の制度で,個人所得に課せられる社会保障目的税です。

家族手当は日本で言えば児童手当に相当するもので,20歳未満の第二子以降の子どもが対象となっています。これには所得制限はなく,第二子は月額123.92ユーロ,第三子以降は月額158.78ユーロと,出生促進的な構造を持っています。また11歳以上の子どもに対する加算措置もあります。なお,家族手当とは別に,後述する乳幼児迎入手当も現金給付ですが,これは特定の目的のために給付されるものです。

フランスでは現金給付(家族手当)とともに税額控除を家族政策目的に利用しています。これは1946年からはじまったN分のN乗方式と呼ばれるもので,世帯人員が多いほど(子どもの数が多いほど)所得税負担が緩和される仕組みです。世帯(家族)を課税単位とし,世帯員全体の所得を合計してこれを家族係数(大人は1,子どもは2人目までは0.5,3人目以降は1とし,これを総計した値)で除して家族係数1当たりの所得税を求め,これに家族係数を掛けて世帯全体の所得税を計算する方式です。累進構造を採用していることもあり,子ども数の多い世帯ほど,同じ所得であっても負担する所得税は低くなります。

次に,育児休業とその間の所得補償について紹介しましょう。フ

ランスでは子どもが3歳に達するまでの間，1年間の全日の休暇（3年まで延長可能）か，もしくは最低週16時間のパートタイム労働への移行のいずれかが選択できます。加えて，育児休業取得後は，休業前と同等の職が保証されます。休業中は原則として無給となりますが，乳幼児迎入手当の一部である「就業自由選択補足手当」から，第一子は6ヶ月，第二子以降は3歳までの間，所得補助が受けられることになっています。

乳幼児迎入手当は，従来あった養子手当，家庭保育手当や育児支援サービス（認定保育ママ等）を受ける際の給付をまとめて一本化した制度です。そのため乳幼児迎入手当は，出産や養子受け入れの費用を補塡する「出産・養子手当」，子どもの養育費に使う「基礎手当」，上で述べた「就業自由選択補足手当」などで構成されています。就業自由選択補足手当の給付額は，全日の休暇を選択した場合，基礎手当を受給している世帯には月額374.17ユーロ，基礎手当を受給していない世帯には月額552.11ユーロです（2010年の場合）。なお，「乳幼児迎入手当」にある基礎手当には所得制限があり，すべての世帯が受給できるわけではありません。

フランスではフルタイムで働く女性も多いことから，3歳以降の未就学の子どもはほぼ100％が保育学校に在籍しています。しかし，育児と就業の両立を図るには3歳未満の子どもに対する保育サービスが重要です。フランスではこの3歳未満の保育サービスも充実しており，集団託児所，ファミリー保育所，認定保育ママなどの在宅でのサービスがその中心になっています。認定保育ママとは，一定の要件を備えた者を自治体が認定する制度であり，保育サービス需要の大きな割合を担っています。

このように，フランスの家族制度は日本に比べ充実しているといえます。一般的には出生率向上が家族政策の目的ではないとされますが，フランスの高い出生率の背景にはこうした諸制度が展開されているのです。

●──スウェーデンの家族政策

スウェーデンでは，従来から現金給付といった経済的な支援に加え，充実した育児休業制度などによって女性の就業と育児の両立支援を実現してきました。ここでは，その概要を紹介します。なお，スウェーデンでは税制による家族政策はほとんど行われていません。

スウェーデンの家族給付は児童手当と多子割増手当からなっています。児童手当は16歳になるまで支給され，出生順位とは無関係に子ども1人につき月額1,050スウェーデン・クローナであり，これに第二子150クローナ，第三子454クローナ，第四子1,010クローナ，第五子以降は1,250クローナが多子割増手当として加算されます（1スウェーデン・クローナは16.1円（2013年12月現在）程度であるので，1,050スウェーデン・クローナはおよそ1.7万円です）。

スウェーデンでは育児休業という概念はなく，産前・産後の休暇とあわせて子どもが1歳6ヶ月になるまで休業が取れる仕組みになっています。その休業時の経済的保障を行うものとしては両親手当（両親保険とも訳されています）があります。これにより子が8歳に達するまでの間，両親あわせて480日までの給付を受けることができるようになっています。父親と母親が育児休業を取って両親手当を受給する場合には，それぞれが240日分の給付を受給する資格を持っていますが，このうち180日分は相手に移転可能な休業です。しか

し残りの60日分は相手に移転ができない休業で、これらはパパクオータ、ママクオータと呼ばれています。両親手当の支給額は、最初の390日間は従前賃金の80％、残りの90日間は日額180クローナとなっています。なお、パパクオータ、ママクオータは最初の390日間分に含まれるとされています。

スウェーデンの両親手当制度の中で特徴的なものとして、スピード・プレミアムがあります。一般に休業すると職場に復帰した後の賃金が下がり、次の子どもを生む時の両親手当の給付水準が低下する可能性が高まります。そのために出産間隔が長くなり、出生率低下につながる危惧が生じます。スピード・プレミアムはこうした事態を回避するため、直前の子どもが21ヶ月に達する前に、次の子どもが生まれた場合、直前の子どもと同額の両親手当を支給するというものです。なお、両親手当の財源は、事業主が支払う社会保険拠出によって賄われています。

ドイツの家族政策

ドイツは日本と同様に少子化に直面している国です。ドイツにおいても出生率改善を目的としたさまざまな家族政策が行われています。

児童手当については18歳未満を対象に、第一子から支給されており、その金額は第二子までが184ユーロ、第三子が190ユーロ、第四子以降は215ユーロと出生促進的な構造になっています（2010年現在）。児童手当の給付には所得制限はありません。この手当の財源は、すべて公費負担です。ちなみに、ドイツでは児童扶養控除もありますが、児童手当の受給と比べて有利な場合にのみ適用

され、同時に両制度の適用を受けられません。

　育児休業は子どもが3歳になるまで両親あわせて36ヶ月間取得が可能です（事業主との合意があれば子どもが8歳になるまで繰り延べることもできます）。但し、このうち12ヶ月（両親揃って取得する場合は14ヶ月）だけ、両親手当として休業期間中の所得補償が行われます。給付される金額は従前の手取り賃金の67％（上限は1,800ユーロ）となっていて、この財源も全額公費負担です。

　ドイツでは、子どもの保育は家庭で行うべきという家族主義的な考え方が根強く、そのためフランスやスウェーデンに比べ保育サービスの整備が遅れているようです。

● ──── **イギリスとアメリカの家族政策**

　イギリスでは16歳未満を対象に、第一子から所得制限なしで児童手当が支給されています。支給額は第一子が月額72.4ポンド（週額18.1ポンド）、第二子以降が月額48.4ポンド（週額12.1ポンド）で、他の国と反対に逓減的な構造となっています。その財源はすべて公費です。税制に関しては児童税額控除があり、所得の低い世帯ほど控除額が大きくなる仕組みです。

　育児休業については、子どもが5歳になるまでの13週間、取得することができますが、休業中の所得補償はありません。

　このように、イギリスでは家族政策が充実しているとは言えません。それでも2010年の合計特殊出生率は1.98と高い水準にあります。こうした傾向はアメリカも同様です。

　アメリカでは、ヨーロッパ諸国にあるような家族政策はほとんど行われておりません。児童手当もなく、また育児休業制度も法制化さ

れていないのです。育児休業については「家族および医療休暇法」に基づいて12週間の休暇が取得できますが，この間の所得補償はありません。それでも高い出生率を維持しています。

●────韓国の家族政策

　低出生率に直面している韓国では2006年から「低出産高齢化社会基本計画」を策定し，少子化対策を本格化しています。育児休業制度を見ると，12ヶ月まで取得可能であり，休業中の所得補償（従前の賃金の40％）が雇用保険から支給されることになっています。また2人以上の子どもの養育費に対する補助等はありますが，児童手当に分類される制度はいまだ整っていません。

第2章
労働市場と雇用政策

リーマン・ショックによる世界的な景気後退によって，日本では失業率が急速に上昇し，また若者の新卒採用も一気に厳しくなりました。最近では，失業率も落ち着き，新卒採用にもやや明るい状況が見えつつありますが，過去の好況期に比べるとまだまだ雇用環境は明るいとは言えません。こうした短期的な労働市場の動向に加え，働き手（労働力人口）の減少，パート・アルバイトなどの非正規雇用の高まり，外国人採用などグローバル人材の重視，といった長期的な傾向も次第に顕著になりつつあります。今後，働き手，企業の双方が短期・長期の労働市場の変化に対処していかなければなりませんが，個々の働き手や企業ができることには限界があります。そのためにも政府がしっかりとした雇用政策を打ち出し，サポートしていく必要があります。

　日本の雇用政策を見ると，そのメニューは多岐にわたり，さまざまな局面で働き手を支援していることは事実です。しかしながら，それで十分かと言われれば，さらに改善する余地が残っています。女性の就業継続や若者の就業支援，さらには男女間・就業形態等による賃金格差，厳格な解雇規制などです。この章では，ヨーロッパを中心とした諸外国の労働市場のパフォーマンスや雇用政策を概観し，これを参考に，日本におけるこれからの雇用政策のあり方を考えてみたいと思います。

1　労働市場と雇用の国際比較

　各国の労働市場や雇用の動向などの比較を行ってみましょう。

2008年に生じたリーマン・ショックの影響で、多くの国は失業率の上昇など雇用に多大な影響を受けました。こうした短期的な動向と並行して、高齢化が進行する先進国では労働力人口の減少という長期のトレンドも見られます。ここでは、まず労働市場と雇用に関する事実を確認しておきたいと思います。

●──労働市場や雇用動向を表す指標

以下では労働力率や失業率といった用語が頻出します。最初に、労働市場や雇用動向を表すための代表的な指標について整理しておきたいと思います。なお、こうした指標は国ごとに定義がやや異なる場合がありますが（例えば労働力人口に軍人をどこまで算入するかなど）、ここでは日本の定義(総務省「労働力調査」)を説明し、統計数値についてはOECDが公表しているデータベースに基づいて紹介します。

最初に労働力人口を定義しましょう。労働力人口とは15歳以上人口のうち働く意志を持つ人口をいいます。一方、家事に従事する、あるいは通学や高齢で働けない人口を非労働力人口といい、したがって労働力人口と非労働力人口の合計が15歳以上人口になります。

労働力人口は現に働いている人口（就業者）と失業している人口（完全失業者、以下では「失業者」といいます）の合計となります。働く意志があっても働けない状態にある人口が失業者です。就業者は雇用者、自営業主および家族従業者に分類されます。雇用者は会社や官公庁などに雇われて給与や賃金を得ている者の他、会社等の役員も含まれます。

以上の定義に加え、三つほど「率」についても定義しておきたい

と思います。労働力率は，15歳以上人口に占める労働力人口の割合を百分率で示したものです。また，年齢別労働力率は，その年齢階層に属する労働力人口が同じ年齢階層の総人口に占める割合です。

就業率は就業者が15歳以上人口に占める割合をいいます。最後に失業率（完全失業率）は労働力人口に占める失業者の割合です。就業率や失業率はいずれも年齢別に計算されることがあります。

●——日本の動向

日本の労働力人口や労働力率の動向を見ておきましょう。2013年の労働力人口は6,577万人でした。労働力率で見ると59.3％になります。15歳以上ではおよそ6割の人が働く意志を持っているということになります。また就業者数は6,311万人で就業率は56.9％でした。

日本の労働力人口はすでに減少トレンドにあります。1980年には5,650万人であった労働力人口は1990年に6,384万人に，また1998年には6,793万人にまで増加しました。しかし，1998年をピークに以後の14年間で238万人もの減少となっています。

労働力人口減少の背景には少子高齢化があります。15歳以上人口を見ても相対的に高齢層の人口が増える一方，少子化で若者の数が減っているからです。独立行政法人労働政策研究・研修機構（2012）による推計では，このままのトレンドが継続すれば2030年の労働力人口は5,678万人にまで減少すると試算されています。現在よりも900万人近くも減少するということです。

労働力人口の減少は経済成長を進めるうえでも，また社会保障

［図2-1］ OECD諸国の労働力率（2012年，％）

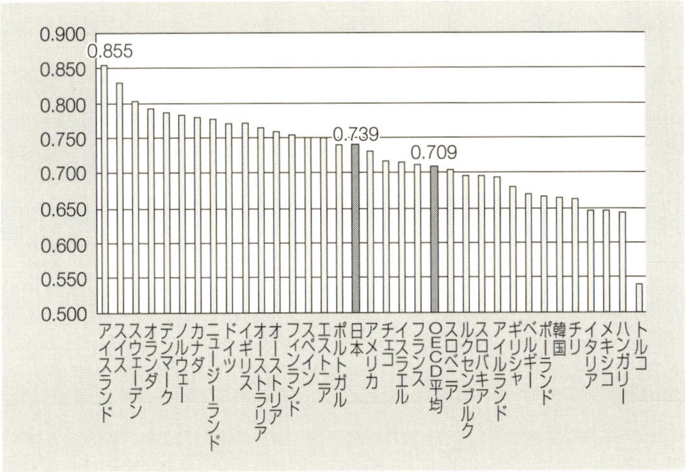
0.900
0.850
0.800
0.750
0.700
0.650
0.600
0.550
0.500
0.855
0.739
0.709
アイスランド
スイス
スウェーデン
オランダ
デンマーク
ノルウェー
カナダ
ニュージーランド
ドイツ
イギリス
オーストラリア
オーストリア
フィンランド
スペイン
エストニア
ポルトガル
日本
アメリカ
チェコ
イスラエル
フランス
OECD平均
スロベニア
ルクセンブルク
スロバキア
アイルランド
ギリシャ
ベルギー
ポーランド
韓国
チリ
イタリア
メキシコ
ハンガリー
トルコ

資料：OECD "Employment Outlook 2013"

制度などの社会の仕組みを維持するうえでも大きな課題です。女性や高齢者などが働きやすい社会を作り，少しでも労働力人口を増やす政策が求められています。

各国の労働力率の比較

OECDのデータベースを用いて，［図2-1］から主要国の労働力率の状況（2012年）を比較してみましょう。ここで示す労働力率はOECDのデータベースで集計されている，15～64歳の男女計の総人口を分母とし，同じく15～64歳の労働力人口を分子とした場合の比率です。15～64歳という年齢層はいわば“現役世代”という

ことになりますが、日本で使われる労働力率では分母が15歳以上の人口ですから、その違いに留意してください。

　図にある34ヶ国のうち、労働力率がもっとも高いのはアイスランドで85.5％でした。次いでスイス83.0％、スウェーデン80.3％となりますが、オランダ、デンマーク、ノルウェーなども上位に位置し、北欧諸国などでは労働力率が比較的高いことがわかります。反対に労働力率が低い国はトルコ54.0％、ハンガリー 64.3％、メキシコ64.5％などです。イタリアや韓国も労働力率が低い国に属します。日本は73.9％と34ヶ国のほぼ中央に位置し、アメリカも73.1％とほぼ同水準にあります。なお、OECD諸国の平均値は70.9％でした。

　なぜこのように労働力率に差が出るのでしょうか。その答えは女性の働く割合にあるようです。男性の労働力率（15～64歳）を見ると、男女計でもっとも労働力率の高いアイスランドが87.6％、スウェーデンが82.6％であるのに対し、もっとも労働力率が低いトルコが75.8％、メキシコが83.0％などと国別に見てもそれほどの差はありませんでした。一方、女性の労働力率はアイスランドが83.3％、スウェーデンが77.9％と男性の労働力率と大きく変わらないのに対し、トルコが32.3％、メキシコが47.8％と男性の労働力率を大きく下回っています。女性の労働力率についてはもう少し詳しく取り上げてみましょう。

●───**女性の年齢別労働力率**

　［図2-2］は年齢5歳階級別労働力率を図示したものです。長い間、日本では20歳代後半から30歳代前半にかけて、出産・育児を理由に多くの女性が労働市場から退出したことにより（すなわちこれによ

[図2-2] 女性の年齢別労働力率（2012年，%）

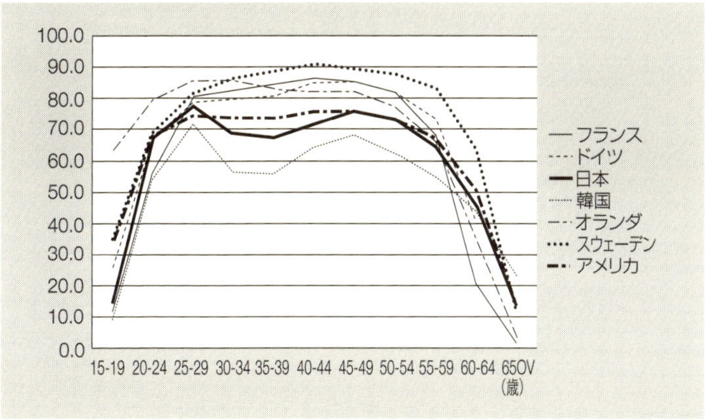

資料：OECD "Employment Database"

ってその年齢層の労働力率が低下して），いわゆるM字型カーブが観察されました。近年では，就業と育児の両立支援も進み，その結果M字型カーブの底は次第に上昇していて，図にあるようなはっきりしたM字型は見られなくなりました。一方，韓国では日本に比べ，各年齢別の労働力率が低いだけでなく，明らかなM字型が見受けられます。

その他の国（フランス，ドイツ，オランダ，スウェーデン，アメリカ）を見ると年齢5歳階級別労働力率はほぼフラットな形状を示しています。このことは就業と育児の間にトレードオフが見られないということを意味すると考えられます。とりわけスウェーデンを見ると，20歳代後半から50歳代後半まで女性の労働力率は80％を超えており，労働力率を表すフラットな線も他国より頭ひとつ高い位置にあります。

● ───── **高齢者の労働力率**

　次に高齢者の労働力率を比較します。［図2-3］は主要国の2012年における60〜64歳および65歳以上男子の労働力率を示したものです。一見して明らかなように，フランス，イタリアと比較して日本と韓国，アメリカは高齢者の労働力率が高くなっています。60〜64歳男子の労働力率を比較すると，フランスが25.1％，イタリア32.7％であるのに対し日本は75.6％，韓国は72.3％，またスウェーデンは72.9％でした。また，アメリカはその中間である60.5％です。なお，日本では2013年4月から高年齢者雇用安定法が改正され，希望する労働者は65歳まで継続雇用が可能となりました。これにより，今後60〜64歳男子の労働力率は上昇することも考えられます。

　日本は以前から高齢者の労働力率が高いことで知られていました。今から40年ほど前，1970年の65歳以上労働力率は49.4％と，ほぼ2人に1人が働く意志を持っていたのです(総務省「労働力調査」による)。その背景には第一次産業で働く高齢者や自営業主が多いことなどがありました。しかしながら65歳以上の労働力率は次第に低下し，1990年36.5％，2000年には34.1％と推移した後，2003年には29.9％と3割を割り込んでいます。これは高齢化によって75歳以上の後期高齢者の増加や自営業等の衰退などが影響しています。2012年には［図2-3］にあるように65歳以上の労働力率は28.7％まで低下しています。

● ───── **短時間労働者，テンポラリー労働者**

　次に，働き方別の就業者の状況を比較しましょう。日本では非

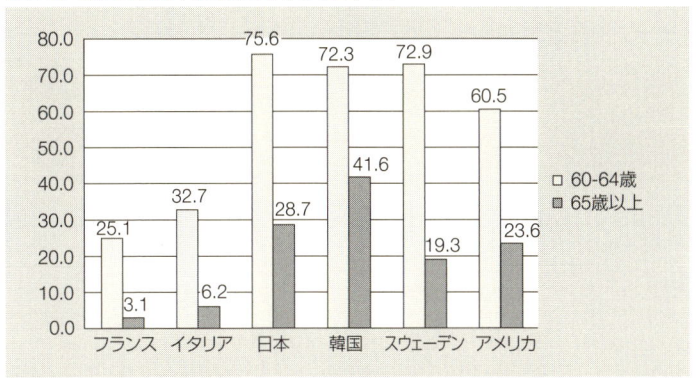

[図2-3] 高齢者(男子)の労働力率(2012年, %)

	60-64歳	65歳以上
フランス	25.1	3.1
イタリア	32.7	6.2
日本	75.6	28.7
韓国	72.3	41.6
スウェーデン	72.9	19.3
アメリカ	60.5	23.6

資料：OECD "Employment Database"

正規雇用（パートタイマーやアルバイト，派遣・契約社員など）に従事する人々の割合が増加しています。同時に法定労働時間である40時間に満たない短時間労働者の割合も増えています。

　OECDでは雇用の期間に定めのある就業者をテンポラリー労働者と呼んでいます。しかしこれも国によって定義が異なります。日本の場合は1年以内の契約で雇用されている者をテンポラリー労働者として分類していますが，ヨーロッパ諸国では一般に雇用期間が定められた者などとなっています。

　国によってやや定義が異なるものの，テンポラリー労働者の状況（就業者全体に占めるテンポラリー労働者の割合）を整理しましょう。2012年においてテンポラリー労働者の割合が多い国はスペイン（23.6％），ポルトガル（20.7％），オランダ（19.5％）などでした。反対にテンポラ

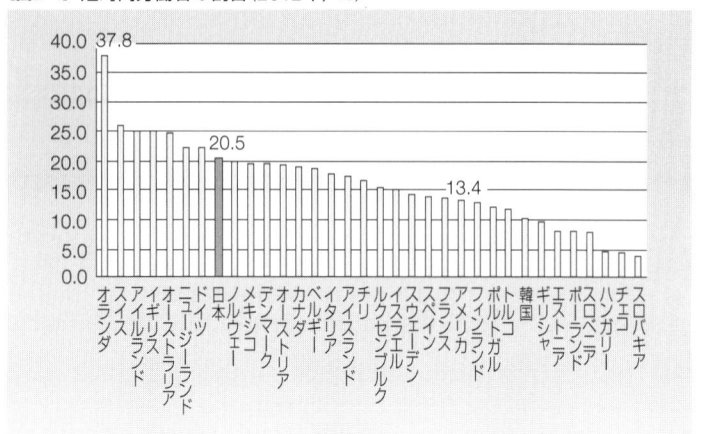

[図2-4] 短時間労働者の割合（2012年，%）

資料：OECD "Employment Outlook 2013"

リー労働者の割合が小さい国はオーストラリア（5.9％），イギリス（6.3％）などです。日本は13.7％とOECD諸国のほぼ中位のあたりに位置しています。

　短時間労働者の割合はどうでしょうか。OECDの定義では週の労働時間が30時間未満の労働者を短時間労働者としています。[図2-4]は2012年における短時間労働者の割合をまとめたものです。比較した国の中で短時間労働者の割合がもっとも高い国はオランダで37.8％でした。これは以下で説明するオランダ・モデルの成果と言えるでしょう。次いで短時間労働者割合が高いのはスイスの26.0％，アイルランドの25.0％などで，日本も20.5％と比較的高い国のグループに入っています。その他の国では，スウェーデンが

[図2-5] 調整失業率（2012年, %）

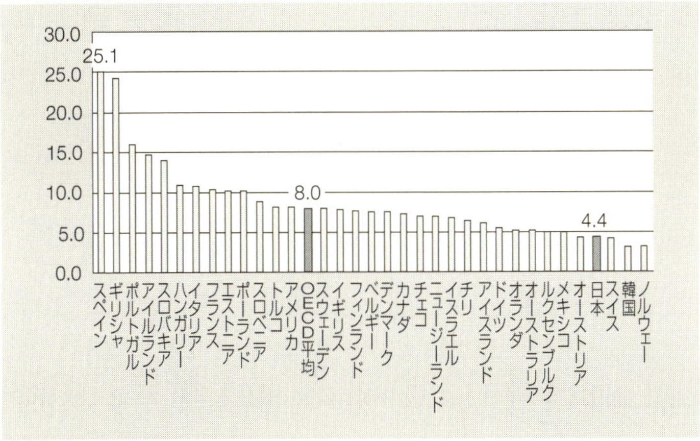

資料：OECD "Employment Outlook 2013"

14.3％，フランスが13.8％，アメリカが13.4％といずれも日本より低くなっています。

● ───**失業の動向**

　働く者にとって失業は最大の問題です。失業者が少ない社会を目指して，政府はさまざまな政策を行っています。しかしながら，失業率を低くすることは容易なことではありません。数年前のリーマン・ショックは世界的な景気後退をもたらすとともに，各国の失業率を上昇させました。最近，失業率は少し低下したようですが，依然として高止まりしている国もあります。

　［図2-5］は各国の失業率の比較を行ったものです。2012年でもっ

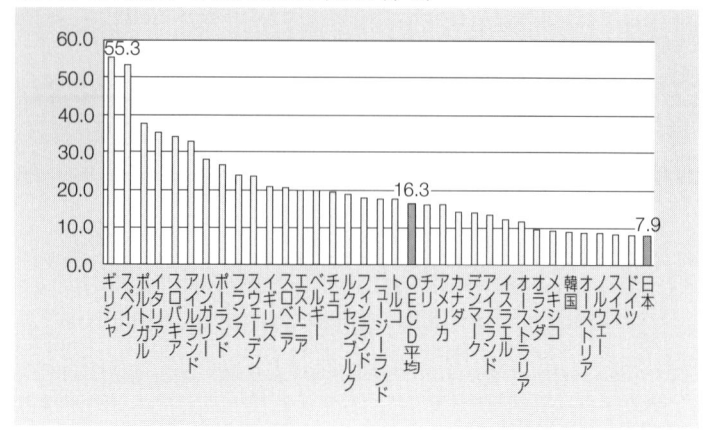

[図2-6] 若年層（15〜24歳）の失業率（2012年，%）

資料：OECD "Employment Outlook 2013"

とも失業率の高かったのはスペインで25.1%，次いでギリシャが24.3%，ポルトガル15.9%などでした。いずれも財政危機が危ぶまれている国です。反対にもっとも失業率が低かったのはノルウェーと韓国の3.2%，スイスの4.2%などです。日本も4.4%と比較した国の中では下から4番目に低い失業率を誇っています。また，OECDの平均は8.0%でした。

なお，各国が公表している失業率は，国ごとにその定義が異なるため単純な比較ができません。例えば，ドイツでは公共職業安定所に登録している者のみを失業者としたり，スウェーデンでは65歳未満の者だけを失業者としたりしています。そのため，OECDは調整失業率（harmonized unemployment rate）を推計し，国際比較

可能な値を公表していますので，ここではその値を用いています。ちなみに，日本の2012年の失業率(総務省「労働力調査」)は4.3％であるのに対し，同年の調整失業率は4.4％となっています。

● ──── **若年層の失業**

若年層の失業率はどうでしょうか。若い時点の失業は，職業訓練や経験などを得られないという意味でその後の職業生活に大きな影響を与えるとされます。[図2-6]は若年層(15〜24歳)の失業率を示したものです。日本は比較した国の中では最低の水準7.9％でした。次いでドイツ8.1％，スイス8.4％と続きます。反対にギリシャ(55.3％)，スペイン(53.2％)，ポルトガル(37.7％)，イタリア(35.3％)などの国では若年層の失業率が高くなっています。OECDの平均は16.3％でした。

この若年層の失業率を全年齢層の失業率と比べると，OECD全体では前者が16.3％であるのに対し，後者が8.0％ですから，年齢によって2倍もの開きがあります。また，日本でも全年齢層の失業率が4.4％であるのに対し若年層は7.9％ですから，若年層の失業率の高さが際立っています。

● ──── **労働時間**

年間の労働時間は国によってどのくらい違うのでしょうか。

日本では労働基準法によって週の法定労働時間は40時間と定められており，それを超える時間は所定外労働時間(超過勤務)となります。日本の1人当たりの平均労働時間は傾向的に短くなっています。厚生労働省の「毎月勤労統計調査」によれば，1980年には

2,104時間でしたが，その後週休二日制の普及などによって1995年には1,913時間にまで減少しています。さらに，短時間労働者の増加などによって1人当たりの平均労働時間は2010年には1,754時間にまで減少しています。

OECDの統計から2011年の主要国の年間平均労働時間を見ると，メキシコが2,250時間と最長で，次いで韓国2,090時間，チリ2,047時間と続いています。一方，労働時間が短い国はオランダ1,382時間，ドイツ1,406時間，ノルウェー1,421時間，フランス1,482時間などです。ちなみに日本は1,728時間，アメリカは1,787時間でした。ドイツと比べると日本の労働時間は322時間長い一方，韓国と比べると362時間短くなっています。OECD全体の平均労働時間は1,765時間で，このことから日本は先進国の中で労働時間の長さはほぼ平均的ということになるでしょう。

2 　　各国の労働市場政策

この節では，最近の労働市場・雇用政策で話題になる政策トピックス，また今後重要になると考えられる政策動向などを取り上げます。この中には安倍政権下での成長戦略・規制緩和などと密接に関連している事柄も多数あります。

―――解雇規制
解雇規制が強いということは，企業に雇用されている人の立場を守る，という意味で一般的に好ましいと考える人が多いのではな

いでしょうか。確かに，不当な解雇の抑止という点では，こうした規制の強さは労働者を守るうえから有益なものでしょう。日本では，不況などの影響で企業が人員整理を行う場合（これを整理解雇といいます）には①人員整理の必要性，②解雇回避努力義務の履行，③被解雇者選定の合理性，④解雇手続の妥当性という4要件が必要となっています。そのため，簡単に解雇を行うことができない仕組みになっています。反対に，企業に対しては人員整理を行わないように雇用調整助成金（従業員を休業，教育訓練または出向させることで雇用を維持するための助成金）などを給付して人員整理を回避するような仕組みをもうけています。

しかし，解雇規制が強いということは必ずしもいいことばかりだとは言えません。解雇規制が強いと企業が長期の雇用を望まない社員を解雇することができず，その結果，企業の業績の悪化につながる可能性もあります。雇用を維持することは言い換えれば産業構造の新陳代謝を妨げることにもなりかねません。産業構造が変化する中，新たな分野に参入する企業にとって必要な人材を確保し，一方で不要な人材を切り離すという動きに対して解雇規制がその障壁になる場合もあるでしょう。

さらに，新規雇用においても解雇規制が強ければ，採用した人材が見込み違いであっても解雇ができませんから自然と採用に慎重になるでしょう。こうした傾向は，新たに労働市場に参入する若者にあてはまり，経験のない若者にとって相対的に不利になることも考えられます。加えて，企業は解雇規制が強ければ，非正規社員の比率を高めることになります。

最近では，アベノミクスによる成長戦略の中で解雇規制の緩和

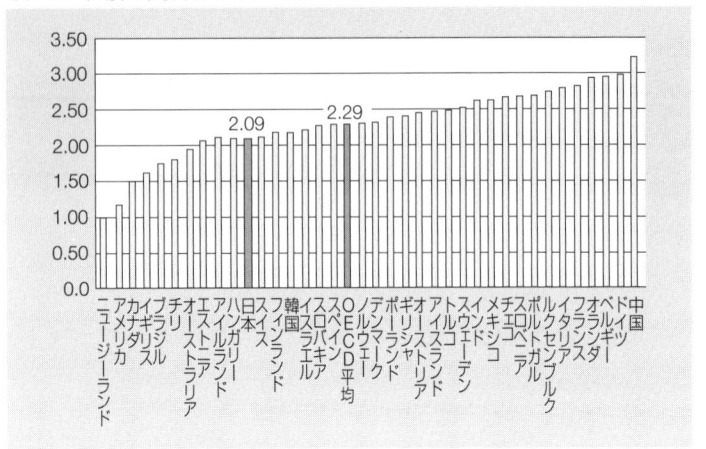

[**図2-7**] 常用雇用労働者に対する雇用保護の強さ(2013年)

資料:OECD "Employment Outlook 2013"

を求める声も出てきました。とりわけ注目されるのが、解雇補償金制度です。整理解雇の4要件を緩和するのは難しいとしても、企業が解雇した従業員が不当解雇で裁判に勝訴した場合に一定の金銭を支払うことで解雇できるようにする仕組みを導入し、規制を緩和しようというものです。日本では現在、不当解雇が認められると職場復帰が原則ですが、欧州では金銭補償が認められる国もあります。

 国別の解雇規制の強さについてOECDの資料から眺めてみましょう。[図2-7]はOECDが継続的に公表している解雇規制の指標のうち、常用雇用に対する個別的解雇の規制と集団解雇に対する

要件の強さを指標化したものです。指標は2013年1月時点の規制を反映したものであり、規制の強さは0から6までの数値で表されています（数値が大きいほど規制が強いことを意味します）。図にはOECD諸国以外に中国やインドなども含まれていますが、OECD諸国の平均値は2.29でした。日本は2.09と規制は緩やかなグループに属しています。比較した国の中で規制がもっとも緩いのはニュージーランドで、次いでアメリカ、カナダ、イギリスと英語圏の国が多くなっています。労働者の配置の効率性を追求していると言っていいのかもしれません。反対に解雇規制がもっとも強い国は中国で、OECD諸国ではドイツ、ベルギー、オランダといった国で解雇規制が強いことがわかります。

● 最低賃金

　最低賃金は支払われる賃金の最低限度で、雇用主はそれ以上の額の賃金を支払わなければなりません。日本の最低賃金制度は1959年に成立した「最低賃金法」に基づくもので、低賃金者の生活の安定を目的としており、経済環境の変化とともに最低賃金の水準は毎年改定されています。最低賃金には、地域別最低賃金（都道府県別にその地域のすべての労働者に適用されるもの）と産業別最低賃金（産業ごとに地域別最低賃金よりやや高い額を設定する場合の賃金）の二つがあります。ちなみに、2013年度における地域別最低賃金を見ると最高額は東京都869円で、最低額は島根県、高知県、長崎県などの664円でした。

　最低賃金の引上げは労働者の所得が増えることを意味しますから、一般には好ましいと考えられるでしょう。しかしながら、最低賃

[**図2-8**] OECD諸国の最低賃金（2012年，米ドル）

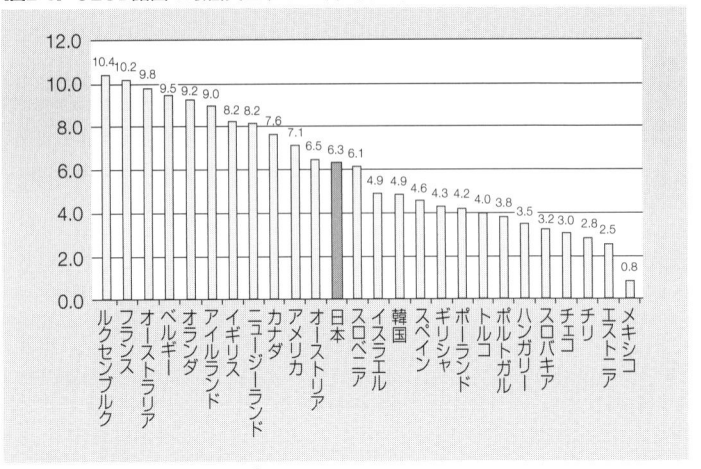

国	最低賃金
ルクセンブルク	10.4
フランス	10.2
オーストラリア	9.8
ベルギー	9.5
オランダ	9.2
アイルランド	9.0
イギリス	8.2
ニュージーランド	8.2
カナダ	7.6
アメリカ	7.1
日本	6.5
オーストリア	6.3
スロベニア	6.1
韓国	4.9
イスラエル	4.9
スペイン	4.6
ギリシャ	4.3
ポーランド	4.2
トルコ	4.0
ポルトガル	3.8
ハンガリー	3.5
スロバキア	3.2
チェコ	3.0
チリ	2.8
エストニア	2.5
メキシコ	0.8

資料：OECD "Employment Database"
注：購買力平価を用いた米ドル・ベースである。

金を引き上げればそれを支払う企業にとって人件費が増加しますから，雇用量を減らし，その結果失業率を高めることになりかねません。従来，経済学の視点からは最低賃金の引上げは雇用減につながるとして，そのような結果を示す実証分析も多く発表されていました。しかし，1990年代に入るとアメリカのファスト・フード・チェーンなどを対象に，最低賃金に近い水準のこうした業態での賃金引上げは雇用量を減らすことなく逆に増加させているという，それまでとは正反対の実証分析結果が公表され，大きな論争となりました。現在でも，最低賃金の引上げが雇用量に及ぼす影響については頑健な結論は得られていません。

さて，諸外国にも法定された最低賃金が存在します。ここでは，OECDの資料から諸外国の最低賃金の水準を見てみましょう。[**図2-8**]は，OECDに加盟している26ヶ国を対象にその最低賃金を比較したものです。単位は購買力平価で換算した1時間当たりの米ドルで表しています。これによると日本の最低賃金は時給で6.3ドルということになります。最低賃金がもっとも高い国はルクセンブルクで10.4ドル，次いでフランス10.2ドル，オーストラリア9.8ドル，ベルギー9.5ドル，オランダ9.2ドルなどとなっていて，アメリカも7.1ドルと購買力平価ベースでは日本よりも高い水準にあります。反対に最低賃金がもっとも低い国はメキシコで1ドルにも満たない水準にあります。なお，以上は購買力平価をもとにした水準の高さで比較したものですが，全労働者の平均賃金と最低賃金との相対的な比率を見ると，2011年では日本は0.333と下から6番目に低くなっています（データがそろっているのは上記26ヶ国のうち24ヶ国）。ちなみにもっとも高いのはニュージーランドの0.506，もっとも低いのはメキシコの0.184でした。

　最低賃金が比較的高い国の最低賃金の仕組みはどうなっているのでしょうか。フランスでは，最低賃金はSMICと呼ばれ，消費者物価上昇率とブルーカラーの実質賃金上昇率の半分を加味した引上げ率をもとに全国一律で決定しています。オランダやベルギーも同様に全雇用者に最低賃金の水準が適用され，年に2回の改定を行っています。一方，アメリカでは大企業や州間で営業を行っている企業には連邦最低賃金が適用されますが，州内で営業する中小企業には州別最低賃金が定められています。なお，日本では試用期間にある者，あるいはフランスやアメリカでは若者に対しては最

低賃金が適用されない場合があります。

　さて，日本の最低賃金の水準は比較した国々の中では中位にありました。では，最低賃金をさらに引き上げるべきでしょうか。これは労働者の生活や企業の人件費負担能力を考慮して考えていかなければなりません。さらに，最近では，最低限度の生活を保障する生活保護の水準や老後の基礎的な生活を営むための基礎年金の水準との比較も，最低賃金の水準を定める大事な要因となっています。2012年度では最低賃金で働く人の手取り収入が，生活保護の受給額より低くなるという，いわゆる「逆転現象」となった都道府県が11もありました。最低賃金で働くよりも生活保護の給付のほうが多いのですから，このようなことでは働く意欲が削がれてしまいます。といって，最低賃金を単純に引き上げるわけにもいかず，バランスをとる工夫が必要となっています。

●────雇用保険

　雇用保険（いわゆる失業保険）制度は労働者が失業に直面した際の最大のセーフティ・ネットになります。その場合，できるだけ手厚い失業給付（日本では求職者給付といいます）を準備することが好ましいでしょうか。もちろん，生活の困窮した労働者を支援することは大切ですが，その反面，失業給付に頼って失業期間が長引くという実証研究も多いようです。すなわち，手厚い失業給付はモラル・ハザードをもたらす可能性があります。例えば，アメリカでは失業給付が10％増加すると4〜8％失業期間を長引かせるという結果があり（Meyer（1990）など），日本においても基本手当の給付日数が長いほど最初に求人に応募する時期が遅いなどとする研究成果もあり

ます(小原,佐々木,町北(2008))。

　モラル・ハザードを防ぐため,日本の雇用保険制度ではさまざまな工夫がなされています。例えば,失業の認定はハローワークが行うが,4週間に1回,求職状況の報告を求めることを通じて,労働の意志がない場合には受給を取り消す,あるいは求職者給付の上限を定めて離職前の賃金水準の高い者ほど離職期間を長期化させないようにするインセンティブを付す,などです。モラル・ハザードを許すと,特に若者にとってはそれだけ職業に関する経験や技能習得を遅らせることになりますから,一生にわたる損失をもたらすことになりかねません。

　とはいえ,セーフティ・ネットとしての失業給付はどの国においても雇用政策の重要な柱となっています。以下では,各国の失業給付の仕組みを見ておきましょう(独立行政法人労働政策研究・研修機構(2013)およびOECDのデータベースを参照しました)。

　まず日本の場合は,雇用保険に入っている労働者に給付されますので,公務員は対象外です。民間被用者は雇用保険への加入が強制されています。失業給付(求職者給付の基本手当)を受けるには,離職の2年前に12ヶ月以上,雇用保険の被保険者であることが必要で,離職する前の賃金の50〜80％が支給されます。低賃金であったほど,この比率は高くなります。失業給付を受けられる期間は,被保険者であった期間や離職の理由が倒産・解雇あるいは自己都合かなどによって異なりますが,90〜360日の期間となります。

　アメリカの失業給付の制度は州ごとに異なりますが,20週以上雇用保険制度に加入していて,かつ四半期ごとに1,500ドル以上

の収入がある労働者を対象に給付されます。給付期間は最大で26〜59週間，給付水準は従前の週給の50％です。イギリスの場合は，18歳以上で年金の給付を受けていない労働者でかつ，過去2年間のうち1年以上国民保険の保険料を支払っていることが条件となります。給付額は少なく，平均賃金の10％程度で給付期間も最大で26週間です。

フランスは民間の賃金労働者のうち，失業保険制度に一定期間（50歳未満の場合は離職直前28ヶ月間で122日）加入していることが条件です（正当な理由がなく自己都合で退職した者は対象外です）。支給期間は4〜24ヶ月であり，従前賃金の57〜75％が支給されます。ドイツは65歳未満で，離職前2年間において通算12ヶ月以上保険料を納付していることが条件となり，従前の手取り賃金の67％が最大12ヶ月(50歳未満の場合)支給されます。

以上の国々は日本も入れて雇用保険は強制加入です。一方，北欧諸国（スウェーデン，デンマーク，フィンランド）は任意加入となっています。スウェーデンでは過去12ヶ月以上失業保険に加入し，また過去1年以内に6ヶ月以上賃金を稼いでいる労働者を対象に，従前賃金の80％を最大35ヶ月（給付期間が長くなると給付水準は低下）されます。また，デンマークでは過去3年間に52週以上働き，かつ失業保険の保険料を支払っている労働者に対し，最大24ヶ月にわたり従前賃金の90％を支給します。

このように各国の失業給付の制度はまちまちですが，一般的に北欧諸国のほうがアメリカ，イギリスよりも高い給付を行っているようです。

若者の雇用支援

　若者の雇用支援は、多くの国で雇用政策の重要な柱となっています。ヨーロッパに限らず日本においても若者の失業率は中年層に比べて高く、また若い時代の失業は仕事を覚えたり、資格を取得したりする機会を失い、人的資本を獲得しそれ以降の職業生活を豊かにするうえで多くのハンディをもたらしかねません。また、日本ではフリーターなどの非正規就業者も多く、正規就業への支援も重要です。加えて、リーマン・ショック以降の厳しい新卒市場にあっては、やむを得ず非正規の職に就いている若者も少なくありません。

　日本では、ハローワーク（公共職業安定所）を中心にトライアル雇用やジョブ・カードといった仕組みで若者の雇用を応援しています（[図2-9] 参照）。トライアル雇用とは、ハローワークの紹介で企業が若者を原則3ヶ月のお試し雇用するもので、その間に就職に必要な技能や知識を身に付ける制度です。その間、企業には原則として月額4万円の助成金が支給されることになっています。ジョブ・カードは正社員としての経験が浅い若者が職務経歴や履歴などを記載したもので、これを作成することで職業能力や意識の向上を図り、またキャリア・コンサルティングや職業能力形成プログラムを受けて、正規雇用に結びつける仕組みです。この職業能力形成プログラムには座学と実習を備えた、日本版デュアル・システムが含まれます。このデュアル・システムはドイツの若者支援を参考に創設されたものです。以下では、諸外国の若者支援策を概観してみましょう。

　ドイツの若者支援の柱は、学校から労働市場への参入を円滑に移行することを目的に設置された、職業訓練教育のデュアル・システムです。デュアル・システムは企業等における実践的な職業訓練

[図2-9] ジョブ・カード制度の仕組み

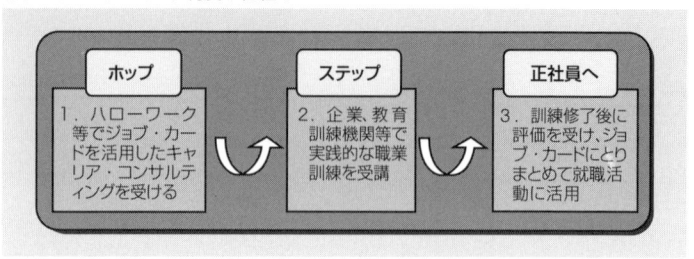

```
ホップ                    ステップ                  正社員へ
1. ハローワーク      2. 企業、教育         3. 訓練修了後に
   等でジョブ・カ       訓練機関等で           評価を受け、ジョ
   ードを活用した       実践的な職業           ブ・カードにとり
   キャリア・コン       訓練を受講             まとめて就職活
   サルティング                                動に活用
   を受ける
```

出所：厚生労働省HP

（週に3～4日）と職業訓練校における理論教育（週1～2日）を並行して行うものです。実施する企業は各地の職能団体から認定を受けた企業で、若者は2～3年の訓練を受講した後、試験に合格すると各種の職業資格を取得することができます。毎年、50万件以上の職業訓練教育が行われています。

　フランスでは若年層の失業率が高いことから、若年層の雇用支援に力を入れています。その中心となるのが交互訓練契約です。交互訓練契約も実習と理論教育を組み合わせた仕組みで、特殊な雇用契約とみなされます。交互訓練契約には未熟練の若者を対象とした見習い契約（企業での実習と見習い訓練センターでの学習を行う）と、経験者を対象とした熟練契約（経験者にさらに職業経験を積ませる）があります。見習い契約では企業と契約した若者にチューターがつき、また最低賃金の25～78％の給与が支払われます。一方、熟練契約では職業訓練を受けながらその職業に関連する仕事に就きます。この他、16～25歳の自立できない若者に対しては、社会

生活参入契約があります。これは若者が国との間で契約を交わし，1年間の期間の中で個人指導などを含めた就業支援・自立支援を受けるというものです。さらに，最近では「未来の雇用」契約制度が創設されました。同じく16〜25歳の未熟練の若者を，職業訓練とともに雇用した企業に賃金を助成する制度です。

イギリスでも失業して失業給付を受けている16〜24歳の若者を対象に，2011年から雇用体験というプログラムを開始しました。これは失業給付を受けながら2〜8週間，週25〜30時間程度，職場で就業体験を行うもので，受け入れ先の企業は賃金を支払う必要がありません。また，2012年からはユース・コントラクトとして，若者雇用に助成金を与える，あるいは16〜17歳のニートに対して職場や学校に戻れる支援を行う，などの多くの施策をパッケージにしたものが実施されています。

スウェーデンでは，事業主税（社会保険料に相当）を活用した若者雇用支援が行われています。ニュースタート・ジョブ制度として，20〜25歳で6ヶ月以上失業している若年者を雇用した場合，最大1年間，雇用した企業に雇用した若者に対する事業主税を補助するというものです。また，16〜25歳の若年失業者には，能力開発などの若年者雇用開発保障プログラムを提供しています。

一方，アメリカでは自助努力を重視する国とあって，若者を直接支援するようなプログラムはほとんどないようです。

● 職業訓練・職業能力開発

職業能力の訓練・開発は職業生活を送るうえで重要な政策です。失業している労働者に新たな職業訓練を行うことで就職の途を開

いたり，就業中の労働者にさらにステップアップする可能性を与えたりするためには，職業訓練・能力開発が欠かせません。

　日本でもさまざまな職業訓練・能力開発のための仕組みがあります。その中心は公共職業訓練で，国や都道府県が離職者，在職者などを対象に行っています。失業してハローワークで求職を行っている労働者には金属加工，電気設備，情報・介護サービスなどの施設内訓練や，民間教育機関等を活用した委託訓練があります。また，雇用保険を受給できない労働者には早期の就職を支援するための求職者支援訓練制度もあります。

　各国でも同様の職業訓練・能力開発のための制度があります。以下では，そのうち特徴ある制度を取り上げてみましょう。

　ドイツでは職業訓練法によってすべての者に職業訓練の機会が与えられることとなっており，2005年の改正では若年者の高い失業率を背景に，高度技能の職業訓練が受けられることが盛り込まれました。すでに述べたように，若者の雇用支援にはデュアル・システムもありますが，これも職業訓練の一環と位置づけられています。ドイツならではの職業能力開発としては，手工業マイスターを取得するためのマイスター訓練支援法があります。手工業マイスターとは，手工業者がマイスター試験に合格すると取得できる最高資格です。また，失業している者など職業継続教育が必要な労働者には，公共職業安定所がこれに参加するための費用（受講費，教材費，交通費など）の支援として，職業教育訓練クーポンを発行しています。クーポンですから使用できる地域と期間が定まっています。

　フランスにおける失業者等の職業訓練教育では，雇用センターが提携した教育機関で行われる職業訓練の費用を負担する仕組

みや，国・自治体が教育機関の提供する職業訓練の中から公費負担の定員枠を設けて行う認定訓練などがあります。前者では継続職業訓練生という資格で訓練費用を受けますが，その後，求人企業から具体的な求人要件がある場合，その要件を満たすために継続職業訓練生に行う採用準備訓練という制度もあります。

イギリスにおけるユニークな制度としては，労働者の職業能力を評価する公的なシステムが存在することでしょう。これは資格単位枠組みといい，技能と資格を評価するために入門レベルからレベル8までの段階的なレベルを設定し，これに到達できるまでの学習量を時間の単位として設定しているものです。これによって，労働者は自らのスキルを自覚できるとともに，より高い資格を取得するインセンティブとなり，また企業側は労働者の能力を客観的に把握することができます。雇用先企業が従業員により高い資格を取得させるために，その訓練費用を一部負担する養成訓練制度もあります。

スウェーデンでは長期の失業者に対しては，雇用能力開発保障プログラムが適用されます。これは3段階のフェーズに分かれ，第1フェーズ（150日間）ではカウンセリングなどの雇用準備，第2フェーズ（300日）では職業訓練やインターンシップなど，その後第3フェーズでは最長2年間の職場での職業訓練が行われます。若者の失業者に対しても同様な3段階のフェーズで行われる若年者雇用保障プログラムがありますが，これは15ヶ月で終了するものとなっています。

アメリカにおける求職者を支援する仕組みは，職業紹介，失業保険，職業訓練等に関する情報提供をワンストップで行う職業センターが中心ですが，これが各地域に設立した労働力投資委員会が職業能力開発支援を担っています。代表的なものとして，工場の

倒産などによる非自発的失業者を対象とした非自発的離職者向けプログラムがあります。これには公的職業訓練の必要性が認められた失業者に対して、その費用をバウチャー（クーポン券）で支払う仕組みなどがあります。

●───労働時間規制とホワイトカラー・エグゼンプション

　日本では労働基準法によって、労働時間の対価として賃金が支払われています。このことは当然かもしれませんが、その一方で労働時間だけが基準となり生産性に応じた賃金という側面が重視されてきませんでした。こうしたことを受けて、厚生労働省の審議会は2006年に「自由度の高い働き方にふさわしい制度の創設」として、労働時間の一律的な適用の除外を提案しました。これは一定以上の所得を持ち、労働時間だけでは成果が適切に評価できない業務に就くホワイトカラーに対して、手当等を付与することで労働時間の規制を適用除外とするというもので、ホワイトカラー・エグゼンプションと呼ばれます。

　この案が発表された当時は、残業等における賃金不払いを正当化するものだという誤解もあって、結局は日の目を見ることはありませんでした。しかし、生産性を高め、かつ自由な働き方を模索するには検討すべき仕組みだと考えられます。安倍政権でも国家戦略特区の一つとして、都市部におけるホワイトカラー・エグゼンプションの導入が検討されました。

　ホワイトカラー・エグゼンプションは従来からある裁量労働制とは異なります。裁量労働制とは専門業務や企画業務に従事する従業員が、実際の労働時間とは関係なく、取り決めた労働時間だけ働

いたとみなす「見なし労働時間制」です。あくまでも労働時間規制を受けるものですから，ホワイトカラー・エグゼンプションとは異なります。

ホワイトカラー・エグゼンプションの発端はアメリカにおける制度です。以下では，アメリカやその他の国々のホワイトカラー・エグゼンプションの概要を見ておきましょう。

アメリカでは，「管理職エグゼンプト」，「運営職エグゼンプト」および「専門職エグゼンプト」の三つの類型化されたホワイトカラー・エグゼンプションがあります。管理職の多くはホワイトカラー・エグゼンプションとなっていますが，運営職エグゼンプトとしては，金融サービス業に従事する被雇用者，管理職のアシスタント，経営コンサルタントなどが，また専門職エグゼンプトとしては医療技術者，看護師，学校の教師などが該当します。エグゼンプトの対象となると，最低賃金，超過勤務等の割増賃金や実労働時間に関する記録保存などが適用除外となります。雇用者のうちおよそ2割がこのエグゼンプトにあたるようです。

ドイツでは管理的職員に相当する場合，労働時間法の規制（最長労働時間や深夜労働，休日労働および労働時間の記録保存）の適用を受けないとされています。管理的職員の具体的な例としては人事部長，事業所委員会があるような事業所の所長などです。フランスは，経営幹部職員（独立性と高い権限，報酬を持つ）が労働時間規制の適用を受けません。具体的には労働者全体のおよそ2割である支店長，作業現場長，部長などです。イギリスの場合も，幹部管理職が労働時間規制の適用除外となっています。

● **オランダ・モデル**

1970年代のオイルショックを契機とした不況とインフレに苦しんだオランダは，政府，労働組合，企業の三者の代表者がワッセナー市で話し合いを行い，1982年に「ワッセナー合意」を結びました。内閣府（2005b）によれば，この合意は「労働者側は企業業績向上のために，賃金の削減に協力する」，「企業側と労働者側は雇用の確保・創出のために労働時間の短縮を認める」，「政府は労働者の所得減少を補うため，減税と社会保障負担の削減を行うとともに財政支出の削減を行う」というものです。

もともとオランダには複数の労働組合のナショナルセンターがあり，複数の経営者団体もあって多様な話し合いの場が設けられていましたが，そうした中で政府，労働組合，企業の三者が合意を取りつつ社会政策を進めるというモデル（ポルダー・モデル）が存在していて，ワッセナー合意もその一つです。

ワッセナー合意によってワークシェアリングが進み，失業率の低下と景気回復が実現しました。これは「オランダの奇跡」とも言われました。ワークシェアリングの進展の中でパートタイム労働者が増加しましたが，そのことでフルタイム労働者との均等待遇の必要性が議論されるようになりました。オランダでは，同一労働同一賃金の考え方から，1993年の労働法改正で，フルタイム労働者とパートタイム労働者の間での賃金，雇用期間，昇進などの労働条件や社会保障負担等に差をつけることが禁止になりました。またEUでも1997年のEUパートタイム労働指令によって，「パートタイム労働という雇用形態を選択できる『柔軟性』と，パートタイム労働を選択しても，フルタイム労働との均等待遇が保障される『公平性』」（厚生

労働省(2011)の両立が目指されるようになりました。

こうした同一労働同一賃金の考え方に基づく,フルタイム労働者とパートタイム労働者の差別のない取り扱いを「オランダ・モデル」といいます。オランダ・モデルがもたらしたワークシェアリングやパートタイム労働は女性の就業の選択の幅を広げ,育児と就業の両立もより容易になりました。

但し,いいことばかりではないようです。オランダ・モデルの代名詞でもあるワークシェアリングに関しても,仕事の分割や引継ぎは生産性を低下させ,また職種によってはワークシェアリングができないものもあるようです。この点は,日本でのワークシェアリング導入議論の際には大いに問題になりました。また,オランダ・モデルでは「夫婦2人で1.5人分働く」というのが基本的な考え方と言われていますが,これは夫0.75人,妻0.75人というよりも実態は夫1.0人,妻0.5人というほうが多いようです。

● ── **デンマーク・モデル**

近年,フレキシキュリティという雇用政策が注目を集めています。フレキシキュリティとは労働市場における柔軟性(フレキシビリティ)と保障(セキュリティ)を同時に高めることを目的とした戦略です。グローバル化が進む中で,生産拠点の海外化など,どの国も雇用の危機を迎えています。しかし経済成長を維持するにはグローバル化の波に対応する必要もあります。こうした状況の中で,安定した雇用と持続的な成長をうまく両立させることを目的とした政策モデルがフレキシキュリティです。言うなれば,グローバル化の中で雇用を一時的に失うことを恐れず,反対に新しくより条件の良い雇用を創出す

る，そして一時的に失業にあった労働者には保障をしっかり行うということです。

フレキシキュリティという戦略をいち早く取り入れたのがデンマークです。デンマークではこのフレキシキュリティの戦略を三つの要素にして実現してきました。そのため，デンマーク・モデルは別名「ゴールデン・トライアングル」とも呼ばれています。

ゴールデン・トライアングルの第一の要素は雇用と解雇の柔軟なルールです。これは企業が不況期に雇用者を解雇しやすくし，景気が回復すれば新たなスタッフを雇いやすくするようにする仕組みを整えることです。解雇規制の緩和などもこの第一の要素に含まれます。なお，デンマークでは民間セクターの就業者のおよそ25％が毎年，仕事を変えているとも言われています。

ゴールデン・トライアングルの二つ目の要素は，手厚い失業保障です。失業給付の水準を高くすることで，雇用を失った労働者の生活を支えることが重要となります。デンマークの失業給付は，低賃金の労働者については従前の賃金の90％までを支給するようです。

三つ目の要素は積極的な労働市場政策です。これはすべての失業者に対してガイダンス，職業教育等を提供し，雇用の回復を目指すものです。デンマークではGDPの1.5％にあたる支出を積極的労働市場政策に費やしています。

デンマークにおけるフレキシキュリティ戦略は，1世紀にわたる企業，組合，政府等の社会的なパートナーの間で対話と交渉という長い伝統のうえに築き上げたものです。したがって一朝一夕にできあがった社会システムということではありません。この点がフレキシ

キュリティを導入する際に留意すべき点になるでしょう。

フレキシキュリティはEUにおいても雇用政策の共通原則とされています。EU委員会は2000年代の雇用政策を示した「リスボン戦略」の改訂に伴い，2007年に「フレキシキュリティの共通原則をめざして」を発表しました。その共通原則は，①柔軟で信頼できる労働協約，②包括的な生涯教育戦略，③効果的かつ積極的（行動的）な労働市場政策，④現代的社会保障システム，です。

3　日本の雇用システムと労働市場政策

リーマン・ショック以降，日本の労働市場は失業率の上昇や新卒市場の冷え込みといった厳しい局面にありました。ようやく最近になって，景気の回復などによって一時の落ち込みから脱却したようですが，安心はできません。長期的には労働力人口の減少や働く人の高齢化など困難な課題を抱えているからです。本節では今まで述べてきた諸外国の事例を参考に，日本の労働市場の現状や雇用政策のあり方について考えていきたいと思います。

●──日本型雇用システムと非正規労働

1950年代から70年代初頭にかけての高度経済成長期は，現在と違って多くの若い労働力があふれていた時代でもありました。地方の若者は仕事を求めて都市に移り，企業の旺盛な労働需要の下で安定した職に就くことができた時代でした。一方で若者を採用した企業は，彼らに教育・訓練を施して一人前の労働力に育てる

必要もありました。また，高度成長とともに生じた重厚長大産業を軸とする第二次産業への産業構造の変化は，会社や工場で働く人口を増やし，同時に正社員化が進みました。

　企業内訓練などの必要性や正社員化の流れは，新規学卒者を卒業と同時に採用し，OJT（企業内訓練）やOff-JT（企業外訓練）といった職業教育・訓練を行いながら能力や経験を蓄積させ，同時に入社年数によって給与や会社内での処遇を引き上げていくといった年功序列の仕組みを定着させることにつながりました。また，こうした働き方は企業と雇用者が長期的な雇用契約を行うことで可能となることから，期間の定めのない雇用，終身雇用が伴うこととなります。これに，企業内での単一の組合の結成（欧米では職種ごとに組合が分かれていることが一般的です）を加え，終身雇用，年功序列，企業内組合が日本型雇用システムの三つの要素と言われます。もちろんすべての就業者がこうした日本型雇用システムに属していたわけではありませんが，大企業を中心に高度経済成長期以降における典型的な働き方として捉えることができます。

　日本型雇用システムは働く人にとって失業の心配のない長期就業を約束するシステムですが，その一方で多くの企業で同様なシステムを採用することで，人材の流動化が妨げられることにもなります。働く人も他の企業に移るという選択肢が限られますので，同じ企業内での連帯感が高まり，企業も社宅の提供などのフリンジ・ベネフィットを提供してこれに応えていきました。

　しかしながら，こうした日本型雇用システムは多様な働き方を選択する若者の増加，バブル経済崩壊以降の経済低迷による労働需要の減少，グローバル化の進行による人件費圧縮の要請，さら

には解雇を前提としない硬直的な人材管理などの要因から限界が見えはじめました。その現れが非正規雇用者の増加です。すでに述べたように、日本では非正規雇用者の割合が上昇しています。総務省統計局「労働力調査」によると、雇用者（役員を除く）全体に占める非正規労働者の割合は1995年の20.9％から2012年では35.2％にまで高まっています。女性だけをとり出すと2012年では54.5％が非正規労働者です。正社員と非正規労働者は、雇用契約の期間の差だけではなく賃金や待遇等に大きな差があることはよく知られた事実です。また、正社員に比べ教育や訓練を受ける機会も少なく、このことが生涯にわたり低賃金しか得られない状況を作り出しかねません。

　日本型雇用システムの見直しが非正規労働者を増やし、このことが労働者内部の賃金・待遇等の格差の拡大をもたらしたと考えられます。こうした現状を改善するにはどうすればいいでしょうか。もはや日本型雇用システムに戻ることがかなわないのであれば、前節で述べたオランダ・モデルのような試み、すなわち同一労働同一賃金の考え方に基づく、フルタイム労働者とパートタイム労働者の差別のない取り扱いが大変参考になることは明らかでしょう。

　なお、2013年度から労働契約法の一部が改正され、有期の労働契約で働いていた非正規労働者の労働契約が5年を超えて更新された場合は、期間の定めのない労働契約に転換できるようになりました。しかし、その賃金や待遇等に関しては必ずしも正社員と同様になるとは限らず、また雇用主側からも柔軟な雇用が妨げられるなどの不満もあり、依然として改善すべき課題は多いようです。

● ────**男女間の賃金格差**

　日本では男女間の賃金格差が大きく開いています。［**図2-10**］は男性の平均賃金を100としたときの女性の平均賃金の水準を示したものです。日本の水準は70.6であり，女性の平均賃金は男性に比べおよそ3割も低いということになります。諸外国の状況を見ると，いずれも男性の賃金のほうが高いことは同じですが，しかし女性の平均賃金の水準はアメリカ，イギリス，ドイツはおよそ8割，フランスではおよそ9割となっており，いずれも日本より高い水準にあります。

　女性の平均賃金が男性に比べ低い理由には三つの要因があると考えられます。第一に非正規労働者の割合が高いということです。すでに述べたように，2012年の労働力調査の結果では女性の非正規労働者の割合は54.5％であるのに対し，男性は19.8％でした。非正規労働者としての賃金の低さが男女間の賃金格差に関係しているということです。

　第二は女性と男性の学歴を比べると，女性のほうが相対的に低いということです。最近では大学等進学率においては男女間に大きな差がありませんが，以前は差がありました。2010年の国勢調査を利用して30〜54歳の年齢層の大学・大学院卒業者の割合を見ると男性が31.1％であるのに対し女性は15.2％にすぎません。大卒とそれ以外の賃金格差を考慮すると，男女間の学歴の差が賃金格差の要因の一つとなっていることがわかります。

　第三は就業の勤続年数の違いがあります。日本型雇用システムが残存している現状においては，勤続年数が長いほど賃金は高いということになります。厚生労働省の「賃金構造基本統計調査」によ

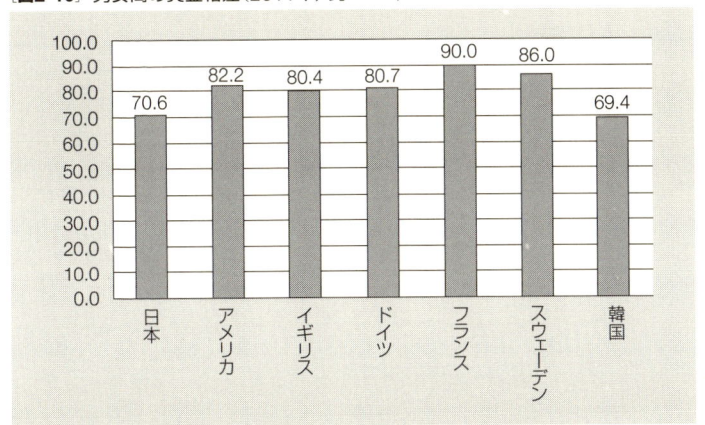

[図2-10] 男女間の賃金格差（2011年，男＝100）

日本	70.6
アメリカ	82.2
イギリス	80.4
ドイツ	80.7
フランス	90.0
スウェーデン	86.0
韓国	69.4

出所：独立行政法人労働政策研究・研修機構（2013），『データブック国際労働比較2013』

ると，2012年における勤続年数の平均は男性が13.2年であるのに対し，女性は8.9年でした。

　男女間の賃金格差が大きいということはその背景にさまざまな課題を有していることでもあります。言い換えると，同一労働同一賃金といった考え方が一般的になれば，男女間の賃金格差も縮小するということです。

● ─── 世代効果と七五三現象

　若者の就業支援も重要な政策目的です。日本でもさまざまな若者の就業支援のプログラムがあることはすでに述べたとおりですが，正規雇用に就けない若者が増えている背景には世代効果と七五三

現象があります。

　日本型雇用システムが大きく変貌しつつあるとはいえ，企業の新卒一括採用の慣習は依然として根強いものがあります。日本では学校卒業を迎えるその時期に正社員としての雇用の入り口が大きく開いているものの，卒業した後に新規に就職しようとしても幾つもの関門があります。これには以下のような理由があります。

　第一は，新規学卒者として扱われないという点です。最近では大卒の場合，卒業後3年以内は新卒者とみなすということが厚生労働省等の指導で広まりつつありますが，しかし実際に就職活動を行うと既卒者は新卒者に比べ不利な立場にあるようです。第二は，既卒者になると一般に中途採用市場での就職活動となるのですが，この場合はすでに経験や技能を持つ他の転職志願者との競争になり，就職経験のない既卒者にとっては不利な状況です。第三は，企業にとってもほぼ同一の年齢の，他の企業での経験のない白紙の状態の学生を雇用することが，人事管理の面からも好ましいという点です。

　新卒一括採用を前提とすると，例えば就職の決まらない大学4年生は就職浪人として留年するか，大学院に進学して就職氷河期をやりすごすか，それともあきらめて非正規の職に就くか，といった選択しかないのが実情となります。リーマン・ショック以降の厳しい労働市場の時期に卒業を迎えた学生は，それ以前に卒業した学生に比べ厳しい就職活動に直面しました。そして，卒業時点の内定率も大きく落ち込んでいます。2008年の3月に卒業した大学生の4月1日時点の内定率は96.9％でしたが，リーマン・ショック以降の経済の落ち込みで2011年3月に卒業した大学生の4月1日時点の内

定率は91.0％にまで低下しています。こうした経済環境の違いは，同じ能力を持つ新規卒業の大学生の間の就職状況を大きく変えてしまうことは明らかでしょう。好況の時期に卒業して売り手市場で就職する学生と，不況時の厳しい買い手市場で就活を行う学生のこうした環境の違いを「世代効果」と呼ぶこともあります。不況時に就職できない新卒者は非正規労働などに就くことになるのですが，その場合には教育・訓練等が不足し，生涯の所得格差をもたらす可能性もあります。

　若者雇用にとってもう一つの課題に離職率があります。一般に中卒では7割，高卒では5割，大卒では3割が卒業後3年以内に離職する傾向を指して「七五三現象」ということがあります。厚生労働省の「職業安定業務統計」によれば，2009年の新卒者のうち3年以内に離職した就業者の割合は中卒で64.2％，高卒で35.7％，大卒で28.8％でした。

　大卒の3年以内離職率とその卒業時の内定率との関係を示したものが［図2-11］です。この図からわかるように，内定率が高い年に大学を卒業した学生の離職率は相対的に低く，反対に内定率が低い年の卒業者の離職率は高いという関係が示唆されます。データ数が1997年卒から2009年卒までの13しかないため統計的な分析は困難ですが，両者の相関係数を計ると－0.79となります。これは，就職活動が厳しい時に内定を決めた学生は，自分の希望と異なる会社を選択せざるを得なかった，などの理由が考えられますが，これも大きく世代効果の一つと考えることができます。

　若者により柔軟で多様な就職機会を与えることが今後の課題です。そのためには新卒一括採用といった慣習を見直す必要もある

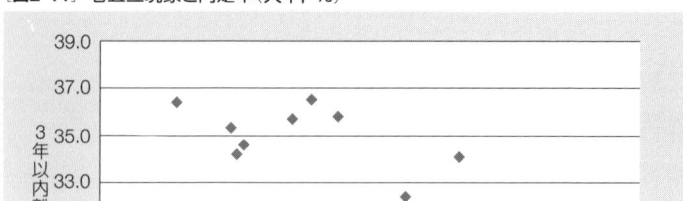

[図2-11] 七五三現象と内定率（大卒, %）

3年以内離職率／4月1日現在 大学内定率（1997〜2009年）

資料：厚生労働省・文部科学省「大学等卒業予定者就職内定状況等調査」
　　　厚生労働省「職業安定業務統計」

のではないでしょうか。アメリカでは大学を卒業後，インターンシップやボランティア等を経験した後に就職するというのが一般的なようです。アメリカの仕組みがすべていいとは言いませんが，大学時代を就活に費やすよりも，若い時期に留学やボランティなどさまざまな経験を積めるような環境のほうが好ましいのではないでしょうか。一部には新卒一括採用という仕組みがあるので欧米よりも若者の失業率が低いという主張もありますが，総じて日本の全体の失業率は欧米より低いので，単純には比較できません。いずれにせよ，現在の若者の雇用をめぐる環境を見直す必要があることは間違いありません。

●────若者の雇用支援と高年齢者雇用安定法改正

　新卒者のみならず20歳代後半までの年齢層にまで視野を広げると，若者世代の失業率が他の年齢層より高くなっています。2012年の全年齢層をあわせた失業率は4.3％であったのに対し，20〜24歳では7.9％，25〜29歳では6.4％となっています。こうした傾向は諸外国でも同様ですが，若者の雇用を支援することは，経済成長などの長期的な視点からも人的資本を充実させるうえで重要な課題です。

　その一方で高齢者雇用を拡大させる必要もあります。今後，人口減少とともに労働力人口も大きく減少することが見込まれていますので，今以上に高齢者に働いてもらう必要があるわけです。同時に，現在の基礎年金の支給開始年齢は65歳ですが，将来，支給開始年齢の引上げも議論されはじめており，60歳定年では年金受給までの空白期間が生じるので，高齢者の側からも働く場の必要性が高まっています。こうした背景から，政府は高年齢者雇用安定法を改正し，2013年4月以降，60歳を超えて就業継続を望む雇用者には65歳までの雇用を確保する措置をはじめました。これにより，60歳以上の就業者が増えることが期待されています。

　企業にとってみると高齢者の雇用を確保することは人件費の面からも大きな負担になります。そのため，高齢者の雇用を確保することが若者の雇用機会を失わせているのではないか，という議論もあります。この点は大変微妙な問題です。企業の経営者からすると高齢者に支払う賃金を確保するにはどこかで人件費を節約しなければならず，やむを得ず新規雇用抑制という方策を選択せざるを得ない場合もあるでしょう。しかし長期的な人事戦略を考慮すれ

ば若年層の雇用も必要です。

　加藤（2011）では，過去の動向をもとに高齢者と若者の雇用はトレードオフにあるかどうかを検証しています。それによれば，好景気の時は高齢者も若者も同時に新規雇用が増えるが，不況では双方とも新規雇用が減るというものでした。その意味ではトレードオフではなく相互補完的であるということになるでしょう。しかし個別企業の事情はさまざまですから，マクロで見た結果がそのまま個別企業の雇用戦略に一致するとは限りませんので，さらに注意深く検証する必要があるでしょう。

●──積極的労働市場政策と財政支出

　日本の今後の雇用政策を考えるうえでは，日本型雇用システムからの脱却とともに労働力の流動性が高まることを考慮しなければならないでしょう。また，グローバル化とともに海外からの労働力も増えることが予想されます。経済成長を実現するには，IT技術や環境，エネルギーといった分野への産業構造の転換も考えられます。こうした状況から，日本でもフレキシキュリティの考え方はさらに重要なものとなっていくはずです。その中でも失業者の雇用を支援する積極的労働市場政策はこれからの雇用政策の柱になるべきものでしょう。

　しかしながら，日本では積極的労働市場政策が十分に行われているとは言えない状況にあります。政策的メニューだけを見ればハローワークにおける求職者支援制度などさまざまなメニューがありますが，しかしその支出水準を見ると欧米諸国に見劣りします。［図2-12］はOECD諸国における積極的労働市場政策への支出（対

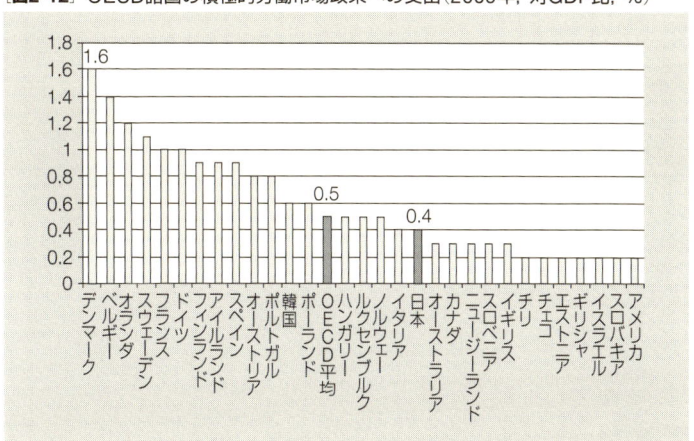

[図2-12] OECD諸国の積極的労働市場政策への支出（2009年，対GDP比，％）

資料：OECD "Social Expenditure"

GDP比）を示したものです。OECDの平均がGDP比で0.5％であり，北欧諸国では1％を超える支出が見られますが，日本は0.4％に留まっています。もちろん日本の失業率の水準が低いという事情はありますが，労働力人口が減少する中，各人の人的資本を高め，柔軟な労働市場を実現するためにも積極的労働市場政策の充実が求められるところです。

労働力人口の減少と女性・高齢者の活用

人口減少とともに労働力人口も減少をはじめています。今後20年間で900万人以上の労働力人口が失われる可能性もあります。しかし，労働力人口減少に対して即効性のある対応策はありませ

ん。そのための対応策としては長期的に女性や高齢者の活用，さらには移民の受け入れなどが提案されています。ここでは，女性と高齢者の活用について考えてみましょう。

まずは，女性の活用についてですが，すでに見たように日本の女性の労働力率は諸外国に比べておしなべて低い状況にあります。したがって，まだまだ女性の労働参加の余地は残されているということになります。しかし，少子化の進行は女性の就業と出産・育児の両立が困難であることがその一因であるという指摘も多くあり，こうした女性をめぐる就業環境の整備が進まない限り，女性の活用は一層の少子化をもたらす危険性を有しています。この点から充実した家族政策が伴わない限り，容易ではないということになります。また，非正規労働に就く女性の割合が高いことや男性と比べて賃金水準が低いことなど，女性の量的な活用を進めるには質的な労働条件の改善も必要となります。

高齢者の活用については，上でも述べたように若者雇用とのトレードオフについても細心の注意をする必要があるでしょう。これに加えて，高齢者を戦力として活用するには若い労働力と同様の技能や能力などが必要となりますから，雇用だけではなく人的資本の再投資の機会などを設ける必要があるでしょう。

第3章
最低所得給付と貧困問題

先進国では最低限度の生活（ナショナル・ミニマム）を支えるために最低所得給付の仕組みを備えています。日本では生活保護がこれにあたります。最近では，生活保護を受給する世帯が急増していますが，それだけ貧困層が増えたのでしょうか。また，日本は諸外国と比べて貧困率は高いのでしょうか。そもそも貧困という概念はどう捉えたらいいのでしょうか。この章の第1節では，こうした貧困の定義や貧困率，さらには最低限度の生活を支えるための最低所得給付に関する国際比較を行います。

　貧困に陥っている低所得層を支援するにあたっては，政府などが生活に必要な所得を給付することになります。第2節では主要5ヶ国（イギリス，ドイツ，フランス，スウェーデン，アメリカ）における最低所得給付と関連する諸制度を紹介します。重要な点は多くの国でワークフェアという考え方が強調されるようになった点です。諸外国の動向を概観した後，第3節では日本の生活保護制度の概要，課題，それに現状を考えます。他の社会保障制度との整合性や財政的な負担増など，早急に解決すべき課題が山積しています。

1　先進国の貧困と最低所得給付の国際比較

　はじめに貧困の定義と貧困率の国際比較から日本の状況を示しておきたいと思います。ここで重要になるのは相対的貧困率という概念です。さらにOECD諸国全般を対象とした最低所得給付の状況をいくつかの指標を用いて整理します。なお，具体的な先進諸国における最低所得給付に関する制度については次節で紹介します。

● ─── **貧困の定義**

　貧困をどう定義するかは難しい問題です。最低限の生活水準を満たすことのできないような状態を貧困と定義することができますが，しかし安全な水や食糧にもアクセスできないサハラ砂漠以南のアフリカの状況と現代の日本における貧困状況を同じものと捉えることはできません。そのため，一般に貧困を定義する場合，絶対的な基準と相対的な基準を区別して考える必要があります。

　貧困の絶対的な基準は，金銭的な所得や資産が少なく，生存と健康を脅かすような状況にあるかどうか，ということです。以前には，こうした基準を食糧（栄養素）の摂取状況で決めようとしたこともありました。イギリスの社会学者であったシーボーム・ラウントリーは，「人間の生存の費用」として，肉体保持のために必要な熱量（カロリー）とたんぱく質の量を算定し，それを実現できる支出額を最低生活費（貧困ライン）と定める方式を提案しました。これをマーケット・バスケット方式といい，現在ではあまり使われていませんが，日本でも一時期（1948～60年）生活保護の保護基準をマーケット・バスケット方式で定めていました。

　ラウントリーの絶対的な基準に対して，同じくイギリスの社会学者であるピーター・タウンゼントは相対的剥奪という概念を提案しました。相対的剥奪とは，標準的な生活様式からの脱落を意味し，社会で標準となっているような生活様式を行えない程度のことを指します（橘木・浦川（2006）等）。こうした定義だと，何をもって貧困とみなすかという点が難しくなる反面，先進国等では絶対的な基準よりも現状をより良く表すことができると考えられます（最近ではさらに社会的排除という概念にまで発展しています）。しかしながら，どのような指

標を用いて貧困を測定するかについては実証的な側面から課題もあります（関心のある方はBoarini and d'Ercole (2006)などを参照してください）。

●───相対的貧困率の国際比較

　相対的な貧困基準を用いて貧困状況に関する国際比較を行います。国際比較等を行うにあたっては、一般にOECDによる貧困率の指標が用いられます。OECDの貧困率は、各国の1人当たり等価所得（税や社会保障給付等の再分配後の可処分所得を世帯人員1人当たりに配分して計算した所得）の中位値を計算し、その値の50％以下の所得しか得ていない人口割合で定義されます。わかりやすく言えば、国ごとにその人口を所得の高い順に並べ、その真中に立つ人の持つ所得の半分以下の所得しかない人口が全体のどの程度いるか、ということです。なお、この50％という基準に加えて40％や60％の基準を用いることもありますが、ここでは50％基準を採用します。また、上で述べたように、相対的な基準にはさまざまな指標がありますが、ここでは所得という一つの要素だけを取り出した指標であることにも留意してください。

　[図3-1]はOECD諸国における2000年代後半期の貧困率を比較したものです。OECDの平均値は11.1％でした。日本を見るとその貧困率は15.7％とOECD平均よりも高く、相対的な基準から見て下から6番目の位置にいます。もっとも貧困率が高いのはメキシコで21.0％でした、アメリカも貧困率が高く17.3％、韓国は日本とほぼ同じで15.0％でした。

　その一方、貧困率がもっとも低い国はチェコで5.4％でした。次

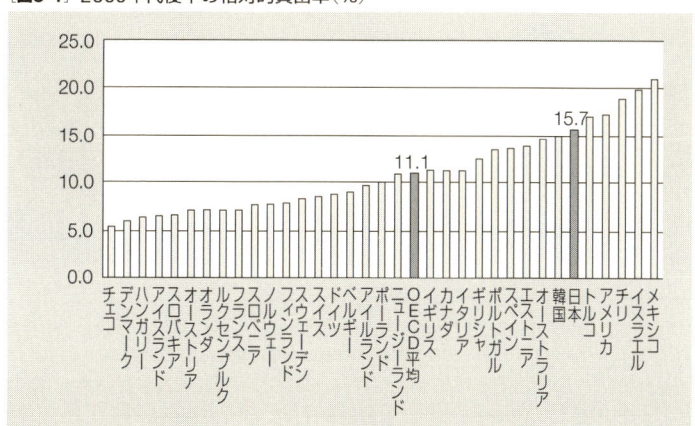

[図3-1] 2000年代後半の相対的貧困率（％）

資料：OECD "Society at a Glance 2011"

いで，デンマーク，ハンガリー，アイスランド，スロバキアなどが続いています（OECD（2011b））。

これは2000年代後半の状況ですが，OECD（2011b）では1980年代と2000年代後半を比較して貧困率の変動も報告されています。これによるとOECD平均では1980年代から年平均で1.0％貧困率が拡大しており，日本も1980年代から年平均で1.3％の速度で貧困が拡大しているということです。ちなみに，もっとも貧困率が進んだのはスウェーデン（年平均3.7％），次いでオランダ（同3.2％）などでした。両国とも現状では貧困率が低い国ですが，しかし貧困状況の拡大が続いているということです。

第3章　最低所得給付と貧困問題　93

● 貧困と最低所得給付

　貧困状況からの脱出を考えると，そのためには政府による教育や職業的自立，あるいは傷病などが貧困の原因であれば医療支援などが必要となります。しかしこうした努力は時間がかかるものです。そのために，多くの国では貧困に陥った人々の当面の生活を支えるための最低所得給付に関わる制度を持っています。こうした制度をセーフティ・ネットあるいはラスト・リゾートといいます（OECDなどでは最低所得給付をラスト・リゾートと称することが多いようです）。

　日本でも憲法第25条で「生存権，国の生存権保障義務」を規定しています。その第1項では「すべて国民は，健康で文化的な最低限度の生活を営む権利を有する」とされています。これを実際に運用するための手段が生活保護制度などです。生活保護は一定の条件に基づいて最低生活基準以下に陥りそうな人を支援するために現金給付などを行う仕組み（社会扶助）で，就業可能かどうかや対象年齢などによる限定は行いません。しかし，すべての国が同様な制度を有しているとは限りません。以下では，Immervoll(2010)を参考に，OECD全体を対象とした一般的な最低所得給付の概要についてまとめておきたいと思います。

　最低所得給付の柱は社会扶助です。これは一般に他に所得機会のない世帯に対する資産や所得調査を条件とした現金給付です。財源は租税であって，年金や医療保険といった社会保険のような保険料負担等を条件とするものではなく，また失業保険のように過去の就業経験を必要とするものでもありません。また，高齢者や障害者などに対する社会的支援（社会福祉）とも異なり，現役世代の就業可能な世帯向けの給付も含まれます。給付の期間も条件が満た

される限りにおいて特に定めがないことが一般的なようです。日本の生活保護の場合も同様に、租税を財源として(すなわち保険料負担なしに)、最低限の生活水準以下に陥った人を対象に給付を行うもので、現役世代の就業可能な世帯も対象となります。

しかしいくつかのOECD諸国(イギリス、ドイツ、フィンランド、オーストラリアなど)では、社会扶助は高齢者や就業可能ではない低所得者を対象としており、現役世代の就業可能な世帯に対しては失業扶助もしくは失業保険で対応するという場合も多いようです。失業扶助とは失業保険（日本の場合は雇用保険における求職者給付）とは異なり、過去の就業や保険料負担といった経緯が不要で、失業保険を受けられない、あるいはその期限が経過した世帯に対する給付と位置づけられています。失業扶助の場合には資産や所得調査等が条件とされるとともに、失業保険とは異なり、国によっては就業のためのジョブサーチなどを要求することはあまりないようです。この他にも後で紹介しますアメリカのTANFのようにさらに対象を限定し、就業を条件とするような仕組みもあります。

以下では、社会扶助に加え失業扶助、失業保険など、最低限の生活を支えるための現金給付を広く最低所得給付と呼ぶこととします。なお、こうした現金給付以外に最低生活を支える仕組みとして最低賃金や高齢者に対する基礎的な年金給付などもありますが、これについては他の章を参照してください。

●——最低所得給付の水準

社会扶助や失業扶助といった最低所得給付は、貧困の状況に対してどの程度の貢献をしているのでしょうか。ここではOECD

"Benefits and Wages: OECD Indicators"をもとにおおまかな状況を見ておきましょう。

最低所得給付がどれだけの水準にあるかを正確に測定することはなかなか難しい問題です。どのような類型の世帯を対象とするか，その所得分布はどうなっているのか，どのような最低所得給付を対象とするのか，などさまざまな条件があるからです。OECDはモデル試算として，一定の世帯類型（単身世帯や子どもなしの夫婦世帯，子どもを持つ夫婦世帯など）に対して最低所得給付の水準と先に見た貧困率（中位所得の50％の水準）との比較を公表しています。なお，最低所得給付には社会扶助，児童手当，住宅扶助などが含まれますが，失業保険のような保険料納付といった条件が付与される給付は含まれていません。あくまでも目安としてご覧ください。

[**図3-2**]が2011年時点における最低所得給付と貧困ライン（図における破線）とを比較したものです。対象は夫婦と2人の子どもからなる世帯です。この試算結果によれば日本の最低所得給付の水準は中位所得の52.8％であり，貧困ラインを上回る水準となっています。日本の生活保護の水準が諸外国に比べ高いことがこれでわかります。もちろん水準が高いことが悪いというわけではありませんが，先進国の標準的な水準を上回っていることは強調しておくべきでしょう。

その他の国を見るともっとも最低所得給付が高いのはデンマークで中位所得の57.3％でした。これに続いて日本，アイルランド，リトアニア，ルクセンブルクなどが最低所得給付の高いグループです。反対に低いのは（ギリシャ，チリを除き）スロバキア，ブルガリア，ルーマニアなどの東欧諸国でした。なお，アメリカは22.6％，フランス

[図3-2] 最低所得給付と貧困ライン(50%)との比較(2011年)

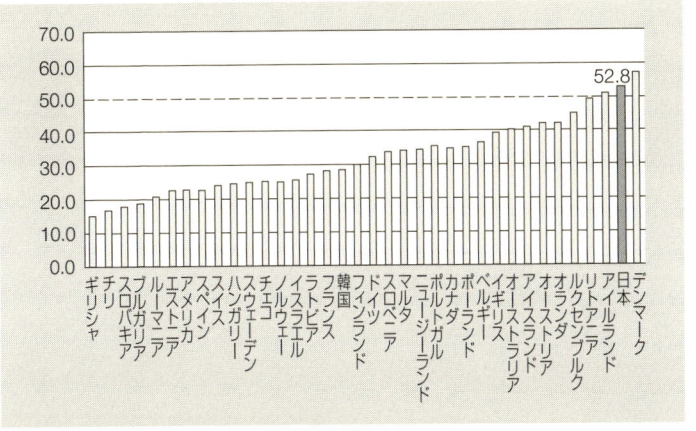

資料：OECD "Benefits and Wages: OECD Indicators"
注：夫婦と2人の子どもからなる世帯を仮定したOECDによるモデル試算である。中位所得世帯の所得水準に対する比率である。

28.2％，ドイツ32.3％，イギリス39.3％などとなっています。

● ─── 就業インセンティブと貧困の罠

　社会扶助など最低所得給付の水準が高いことは望ましいのですが，しかし手厚い給付は就業のインセンティブを弱めることにつながりかねません。すでに述べたように多くの国の社会扶助は就業を条件としているわけではありません。こうした場合，貧困の罠にはまってしまうケースも考えられます。

　貧困の罠とは，社会扶助の受給者が働いて所得を得ることによって，その所得と同額の扶助額を減額される可能性がある場合，

就業よりも社会扶助受給を選択し，その結果職業経験等が蓄積されないためいつまでも貧困の状態から抜けられないことをいいます。日本の生活保護の場合も同じような問題が指摘されています。現行の生活保護の制度では基準となる最低生活費とその他の収入を比較して，収入が最低生活費に満たない場合に，最低生活費から収入を差し引いた差額が保護費となります。収入が増えればその分だけ保護費は減額されます。

こうした貧困の罠から逃れるため，多くの国では社会扶助が就業のインセンティブを弱めないように，他の所得の増加とともに扶助を徐々に減らす仕組みを採用しています。その究極的な仕組みが，ミルトン・フリードマンやジェームズ・トービンらが提案した，社会扶助や累進的な所得税を総合化した負の所得税でしょう。日本でも給付付き税額控除が議論されていますが，これも負の所得税の一環と考えることもできます。

さて，所得の増加に伴う社会扶助の減額率を限界税率と捉えれば，これが90％を超えればほぼ所得の増加が社会扶助額を同額だけ減額させると考えることができるでしょう。[図3-3]はImmervoll(2010)による最低所得給付（住宅扶助は含まない）に関する限界税率の国際比較を行ったものです。日本の場合の限界税率は79％で比較的低いほうに位置し，この結果からは他の国と比較して就業インセンティブを維持しているということになります。もっとも限界税率が低いのはアメリカの32％，反対にもっとも高いのはハンガリーの105％で，図に示した26ヶ国のうち限界税率が90％を超えていたのは半数以上の14ヶ国でした。

[図3-3] 最低所得給付の限界税率（％）

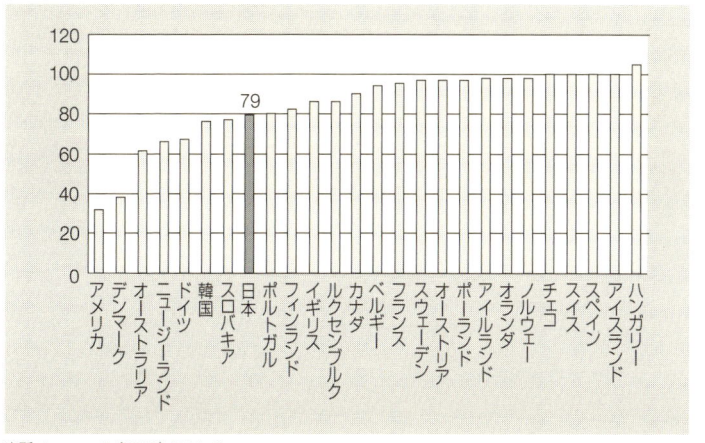

棒グラフ：アメリカ、デンマーク、オーストラリア、ニュージーランド、ドイツ、韓国、スロバキア、日本（79）、ポルトガル、フィンランド、イギリス、ルクセンブルク、カナダ、ベルギー、フランス、スウェーデン、オーストリア、ポーランド、アイルランド、オランダ、ノルウェー、スイス、チェコ、スペイン、アイスランド、ハンガリー

出所：Immervoll（2010）Table 3

2　各国の社会扶助制度

　ここではイギリス，ドイツ，フランス，スウェーデンおよびアメリカにおける社会扶助制度並びにこれに該当する制度について紹介をします。その目的は日本の生活保護制度との違いを明らかにさせることにあります。最低所得給付に関わる制度の必要性は誰もが認めることと思いますが，その中核となる社会扶助制度をいかにデザインするかは，手厚い福祉と自助努力のインセンティブ付与との間の難しい選択の問題でもあります。イギリスやフランスなどにおける社会扶助制度の改革は就労促進（自助努力）を強化することが目的であって，こうした点は日本の生活保護改革についても参考とすべ

きでしょう。

● ──── イギリスのユニバーサル・クレジットとペンション・クレジット

イギリスにおける社会扶助制度には従来は「所得補助」と「所得関連求職者給付」がありました。これらの制度は就業可能な全世代を対象としたものです。前者は疾病や障害などで就労できない者や介護や育児のために就労できない者(就業時間が週当たり16時間以下)が主たる対象で，その家族類型等に応じた生計費を計算し，収入がこれに満たない場合にその差額が給付される仕組みです。後者は就業可能な者が給付を受ける仕組みで，社会扶助である所得補助と社会保険である失業保険との中間的な性格を持っていました。すなわち失業保険の期間が切れたなどの理由で収入がなく，しかし就業可能で求職活動を積極的に行っている者に対する給付で，2012年時点では25歳以上の単身者であれば週71.00ポンド，カップルで2人とも18歳以上の場合には週111.45ポンドが給付されるものでした。

しかし「2012年福祉改革法」に基づく改革により，「所得補助」と「所得関連求職者給付」は住宅補助など他の関連制度とともに統合され，2013年10月から「ユニバーサル・クレジット(普遍的給付制度)」となりました。これにはいくつかの背景があります。

イギリスでは労働党が政権を握っていた2009年に福祉改革法が成立しました。これは福祉から就労へというワークフェアの考え方に基づき，ジョブ・センター・プラス(日本のハローワークに相当)に来て求職活動を行わない者の給付を制限するというものです。さらに，保守党・自民党連立政権は複雑な給付体系を簡素化するとともに

ワークフェアの考え方をさらに強化するために、ユニバーサル・クレジットという新たな仕組みを導入することになったのです。

イギリス政府のウェブサイトによれば、このユニバーサル・クレジットは職がない者もしくは職に就いていても低所得の者が給付対象になり、職がない者は新しい職に就いた時点から、職にある者は労働時間を増加させた時点から給付を受けることができます。給付額（Standard allowance）は、25歳以上の単身者の場合で月額311.55ポンド（週77.89ポンド）、カップルでいずれかが25歳以上の場合は月額489.06ポンド（週122.27ポンド）となるので、旧制度である所得関連求職者給付よりも高い額となっています。

イギリスにはユニバーサル・クレジット以外にも低所得の高齢者のためのペンション・クレジットがあります。ペンション・クレジットは保証クレジットと貯蓄クレジットの二つの給付から構成されます。年金などの収入が低く、最低生活水準（2012年では単身者が月額145.40ポンド、カップルの場合は月額222.05ポンド）に満たない場合（資産調査があります）、その差額を満たすのが保証クレジットでブレア政権下の2002年に導入されました。これはいわばイギリスにおける最低保証年金ともいうべき制度です。

この保証クレジットは収入が多くなるほど減額される仕組みになっています。そのため、個人で老後のための積立を行う動機を弱めるという指摘から、貯蓄動機を促すことを目的とした貯蓄クレジットも導入されました。これは公的年金に付加される給付ですが、資産等が多いほど（限度額がありますが）給付額が増えるようになっています。

● ──── **フランスのRSA**

　フランスの社会保障制度は社会保護制度と呼ばれ，社会保険（年金・医療など），社会扶助，社会福祉などのさまざまな制度から成り立っています。最低所得給付に関わる制度はこの社会保護制度の一部を構成していますが，現在，最低所得給付に関わる制度は8種類あり，これを総称して「社会ミニマム」と呼ばれています。その中心が積極的連帯所得（RSA）です。

　フランスの社会扶助制度としては1988年に創設された参入最低所得制度（RMI）がありました。これは25〜64歳の就労可能な年齢層に対して，世帯所得の調査のみを条件として（すなわち資産調査は行わず）低所得層に現金給付を行う制度でした。その目的としては低所得層の社会的経済的自立，具体的には就業促進にありました。しかしながら，RMI制度の下では就業によって増加した収入と同額の給付額が削減されることから，就業促進につながらないという指摘がありました。こうした点を受け，RMIは1人親のための手当制度などと統合され，さらに低所得労働者に対する補足的給付なども加えて2009年から積極的連帯所得（RSA）という制度に統合されました。

　RSAの対象者は18歳以上に引き下げられ，家族手当金庫などから給付を受けることになります。その理念はRMIを引き継ぐものですが，就業を増やし収入が増えた分については全額を給付額から差し引くのではなく，世帯全体の収入（RSAの給付額と就業による収入の合計額）が増加するように設計されています。すなわち，就業インセンティブを高めるような仕組みに変更されたということです。RSAの給付額（月額，2013年）はその他の収入がない場合，単身世

帯で483.24ユーロ，2人世帯で724.86ユーロとなっています。また，2011年時点ではRSAの受給者は200万人程度でした。なお，RSAも資産調査を行わないので，受給者の死後，相続額が一定以上の場合は給付額の回収が被相続者から行われることになっています。

　最低所得給付を構成する社会ミニマムにはRSA以外にも，給付対象を絞った制度があります。特別連帯手当（ASS）は失業保険の期間が過ぎた失業者に対して給付される手当であり，本章第1節で述べた失業扶助に相当します。また，高齢者連帯手当は公的年金制度に加入していない高齢低所得層のための社会扶助制度です。

● ──── ドイツの社会扶助と失業給付Ⅱ

　ドイツの公的扶助制度は親族等からの支援がなく，かつ就労ができない，あるいは就労をしても低所得である世帯を対象とした社会扶助と，失業しているものの稼働可能な世帯を対象とした失業給付Ⅱに分かれます。

　社会扶助は，生活扶助と基礎保障などで構成され，いずれも資産・所得調査が義務付けられています。生活扶助は必要不可欠な生活費を給付する仕組みで，2013年では独立の生計を営む成人（単身者・1人親）については月額382ユーロ，また共同で生計を営む夫婦では各人について月額345ユーロが給付されています。基礎保障は高齢や障害などで稼得能力がない世帯に対して支給される扶助で，給付内容は生活扶助と同様のものとなっています。

　ドイツの社会扶助制度の特徴は失業給付Ⅱ（求職者に対する基礎

給付）という制度があることでしょう。ドイツの失業保険は失業給付Ⅰと呼ばれ、保険料を財源として失業時に現金給付が行われます。これは社会保険であって扶助ではありません。従来は失業保険の期間が終了した労働者等には社会扶助の一環として失業扶助が給付されていました。しかし2005年から、社会扶助は稼働可能でない世帯を対象に定めるため、稼働可能な世帯に支払われていた失業扶助を社会扶助から取り出して失業給付Ⅱとしました。

失業保険Ⅱの対象者は失業保険Ⅰの期間が過ぎた者の他、就労しても低い所得しか得られない就業者（自営業なども含む）などで、15歳以上、年金支給開始年齢以下で1日3時間以上稼働できる者です。失業保険Ⅱにより失業者本人には生活扶助額とほぼ同額の給付が行われ、同居しているなど共同生活をしている就労可能でない者に対しても社会手当が給付されることになっています。この制度の目的は、失業給付Ⅱの受給者の就業促進にあり、そのための就業経験付与などの支援も行われています。

ドイツの最低所得給付の動きは、就労可能な者とそうでない者を区別して支援するというものと解釈できますが、イギリスのユニバーサル・クレジットと異なり、ワークフェアの考え方を押し出しているというところまでは進んでいないようです。

●──スウェーデンの社会扶助制度

スウェーデンの社会保障の仕組みの特徴として、年金や児童手当などの現金給付は国が、医療や保健サービスなどの現物給付はランスティング（日本の県に相当）が、さらに社会扶助はコミューン（日本の市町村に相当）になっているということがあります。

このように社会扶助は基礎自治体であるコミューンによって実施され，財源もコミューンの一般財源（公費）を使っています。社会扶助の対象者は18～64歳の者で国内に1年以上居住していることが条件です。給付を受けるには資産・所得調査が必要です。給付内容は必要な生活費相当であり，医療についてはランスティングからすべての住民に現物給付されるので社会扶助には含まれません。

　スウェーデンの社会扶助はワークフェアの考え方を全面に押し出していることが特徴でしょう。社会扶助の給付を受ける者は公共職業紹介所に求職登録することが必要で，就労能力がある者には求職活動が要求されます。スウェーデンでは1990年代の不況を契機に社会扶助だけでなく社会保険を含む現金給付の削減が行われた経緯があります。さらに，90年代後半からは給付削減から受給者の義務の強化へと考え方が移り，そのことから若年層を中心とする就労促進が重視されるようになったのです。こうした動きが社会扶助においても就労の促進につながり，求職活動を要求するという制度となったと考えられます。

●───アメリカのTANFとSNAP

　アメリカには他の先進国にあるような国レベル（連邦政府）での包括的な最低所得給付（社会扶助）制度はありません。州政府が運営している制度として代表的なものとしてはTANF（Temporary Assistance for Needy Families, 貧困家庭一時扶助）とメディケイドがあります。このうちメディケイドは高齢者や障害者など一定の条件を満たす低所得者に対する公的医療扶助であり，最低所得給付とは性格が異なるためここでは取り上げません。連邦政府が行っている

社会扶助には，補足的所得保障とSNAPがあります。補足的所得保障は，65歳以上の高齢者もしくは障害者で低所得の者に対して現金給付を行うものです。また，現金給付ではありませんが，SNAPという補足的栄養支援があります。以下ではTANFとSNAPについて紹介します。

TANFは州政府が未成年の子どもあるいは妊娠中の母親がいる貧困家庭に対して現金給付を行う制度です。アメリカでは従来，AFDC（要扶養児童家族扶助）という，親の不在や死亡などで十分な養育を受けることのできない貧困児童がいる世帯（主に母子世帯）に対して現金を扶助する制度がありました。AFDCには就労を促すという目的もありました。しかしクリントン政権による1996年の福祉改革法によってAFDCが廃止され，その代わりにTANFが創設されました。この背景には，AFDCの受給者が急増するとともに不正受給もあり，また受給期間も長くなるなど福祉への依存が見えてきたからです。またAFDCからの給付額はその他の収入があると減額され，就労へのインセンティブも高まりませんでした。

TANFはこうした経緯を考慮して，ワークフェアの考え方を押し出しています。TANFの受給者は求職活動や職業訓練の参加が義務付けられており，これを受け入れない場合には給付額の減額もしくは停止措置が取られます（州によって条件などは異なります）。また，Temporaryということばにあるように無期限で受給できるのではなく，一生のうちでTANFを受給できるのは5年間と定められています。2011年の受給者数はおよそ440万人，平均給付額は月額で355.4ドルでした。

SNAPは以前，フードスタンプと呼ばれていた仕組みで，低所得

世帯に対して連邦政府が食料品購入用のバウチャー（クーポン券）を支給するものです。このバウチャーはアルコール飲料や飲食店での利用はできません。SNAPの対象者は16〜60歳で，就労もしくは求職活動をしていることが条件となります。2011年の受給者数は4,400万人を超え，他の所得がない場合，月額で最高367ドル相当のバウチャーが支給されています。

● ワークフェアとアクティベーション

　イギリス，スウェーデン，アメリカの社会扶助制度はそれぞれその内容は大きく違いますが，給付と就労の関係を重視している点が共通しています。これらは一般にワークフェアと呼ばれています。

　ワークフェアはもともとアメリカでニクソン政権がAFDCを改革する際に，就労促進を念頭に造語したことばと言われています。ただし，今日では明確な定義はなく，社会扶助などの給付の条件として就労を要求するという意味や，就労を促進して経済的自立を促すというより緩やかな考え方もあります。上でも述べましたが，アメリカではクリントン政権下でAFDCに代えてTANFを導入したことにより，前者の意味合いが強調されるようになりました。

　イギリスでもサッチャー政権による経済改革の一環として失業保険受給者に対して求職活動を求めるなど，ワークフェアの考え方が広まっていきます。さらにこれを加速したのはブレア政権でした。ブレア首相は1998年からの新しい福祉政策，いわゆるニュー・ディール政策の中で「福祉から就労へ（Welfare to Work）」を強調しました。それはまさに就労を条件として福祉政策を実行していくという姿勢でした。福祉（社会保障）の役割はセーフティ・ネットを一方的に

提供するのではなく,労働市場への人材供給を可能ならしめるような仕組みとして再定義することでもありました。

アメリカやイギリスといったアングロサクソン諸国とは異なる考え方で給付と就労の関係を結びつけたのが北欧諸国でした。労働市場政策のところで紹介したように,北欧諸国では積極的労働市場政策が展開されています。積極的労働市場政策は,失業者に対して生活を手厚く支援する代わりに教育訓練等を受けさせ,再び労働市場に送り出すことを目的としています。その意味で給付と就労は密接につながっており,北欧諸国ではこうした関係をアクティベーションと表現しています。ワークフェアと異なるのは,ワークフェアにおいては就労が給付の条件とされるのに対し,アクティベーションは就労を条件とまではしない,という点でしょう。

ワークフェアもアクティベーションも明確な定義がされているわけではありませんので両者がまとめられてワークフェアと表現されることもあります。しかし重要な点はアングロサクソン諸国でも北欧諸国でも給付と就労をつなげるという考え方が最低所得給付等の制度の根底にあるということでしょう。

3　日本の生活保護制度とその課題

日本では,近年,生活保護の受給者が急増しており,財政的な負担も高まっています。また,給付水準に関する妥当性や不正受給などの問題も喧伝されているようです。この節では生活保護制度の概要と課題を整理し,今後の改革方向に関して議論してみた

いと思います。

● ───**生活保護制度の概要**

　生活保護は最低生活費（ナショナル・ミニマム）と照らして所得等が不足する場合に，その不足分について現金もしくは現物を給付する仕組みです。生活保護の給付にあたっては資力調査を行いますが，給付の実施を決定するのは，生活保護の事務を取り扱う都道府県や市町村の福祉事務所です。

　生活保護制度は，①無差別平等の原理（信条，性別，社会的身分によらず保護を受けられる），②最低生活保障の原理（給付水準は最低生活水準を維持するレベルである），③保護の補足性の原理（所得の不足している分のみを支援する）などの考え方によって運営されています。また，貧困に陥った原因は問いませんので，それがギャンブルであろうと疾病であろうとかかわりなく，貧困という事実だけを捉えて支援を行います。なお，ワークフェアなどの考え方は，現在のところ，生活保護制度には取り入れられていません（就労を促しますが，給付の条件ではありません）。

　生活保護を受けるには，福祉事務所にいるケースワーカーに相談することが最初です。保護を受ける本人が申請を行い，預貯金，保険等の資産の活用や扶養義務者の援助などの可能性を審査して，それでも支援が必要である場合に申請が認められます。生活保護の受給者は，受給中，収入の状況を毎月申告する義務があります。また，生活の実態を確認するために福祉事務所のケースワーカーが年数回の訪問調査を行うことになっています。

　生活保護にかかる費用については3/4を国が，1/4を福祉事務

所を設置している自治体が負担することになっていますので、生活保護受給者を多く抱える自治体の財政負担は大きいものとなります。

●───生活保護の給付額

　生活保護の給付には、生活扶助、教育扶助、住宅扶助、医療扶助、介護扶助、出産扶助、生業扶助（就労に必要な技能の習得等にかかる費用の扶助）および葬祭扶助の8種類があります。このうち、医療扶助と介護扶助は現物給付です。生活保護受給者はこのうちから必要な扶助を受けます。受給額は、それぞれの扶助費の基準額を合計し、これを最低生活費として算出し、これに収入が満たない分を生活保護費とします（[図3-4]参照）。したがって、最低生活費の算出には基準額が大きく影響を与えます。

　生活扶助に関する基準額を見ておきましょう。生活扶助は日常生活に必要な費用をまかなうためのもので、食費、被服費、光熱水道費等が該当します。その意味では、日本における最低所得給付に相当するものが生活扶助と言えるでしょう。生活扶助の基準額は世帯の類型や年齢、それに居住地などによって異なります。例えば2013年8月現在、3人世帯（33歳と29歳の夫婦に4歳の子どもの世帯）であれば、東京都区部に居住している場合は月額166,810円、地方郡部等に居住している場合は月額133,120円です。また68歳の高齢単身世帯であれば、東京都区部に居住している場合は月額80,140円、地方郡部等に居住している場合は月額62,960円となります。

　最近では、医療扶助にかかる費用が急増しています。2009年度の扶助総額3兆72億円のうち、医療扶助が1兆4,515億円とほぼ

[図3-4] 生活保護費の決め方

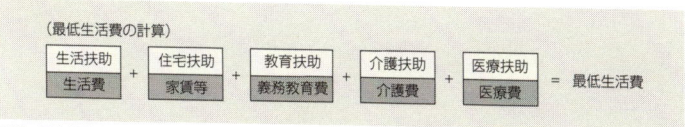

（最低生活費の計算）
生活扶助〔生活費〕 ＋ 住宅扶助〔家賃等〕 ＋ 教育扶助〔義務教育費〕 ＋ 介護扶助〔介護費〕 ＋ 医療扶助〔医療費〕 ＝ 最低生活費

出所：厚生労働省HP

半分を占め，生活扶助は1兆163億円でした。ちなみに国が負担する生活保護費の概算となる一般会計の予算額は，平成25年度（2013年度）で2兆8,614億円となっています。

● ─── 生活保護の課題①：受給者の急増

先に述べたように，近年，生活保護受給者，受給世帯が急増しています。[図3-5]は1955年度以降の推移を示したものです。

2013年9月現在の生活保護の受給者は216.0万人でした。2011年以降，生活保護受給者数は200万人を超え，第二次世界大戦直後の時点を上回っています。受給者数は1980年代にかけて減少した後，バブル経済崩壊以降の「失われた20年」の期間に2倍以上に増加した計算です。ちなみに，1993年度の受給者数は88.3万人でした。

世帯数の動きは受給者数と比べてやや異なります。1980年代までは世帯数は微増でしたが，1990年代以降は単身世帯などによって急増しています。2013年6月の受給世帯数は158.3万世帯で，近年で最少であった1993年度の58.6万世帯と比べると3倍近くに増えています。ちなみに，受給世帯の内訳を見ると2013年6月時

[図3-5] 生活保護受給者・受給世帯の推移

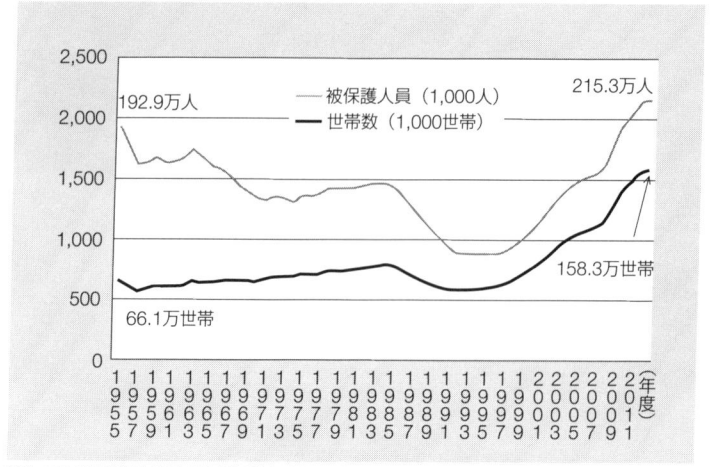

グラフ:
- 被保護人員（1,000人）: 192.9万人 → 215.3万人
- 世帯数（1,000世帯）: 66.1万世帯 → 158.3万世帯

資料：厚生労働省「福祉行政報告例」「被保護者調査」
注：2013年は6月時点の値である。

点では高齢者世帯が45.0％，傷病・障害者世帯が29.4％，母子世帯が7.0％などとなっています。

こうした生活保護受給者の増加は，さまざまな問題をもたらしています。財政負担の増加などもありますが，十分な所得を持つ芸能人の親族が生活保護を受けていたなど受給資格を問う問題（これは適法な受給であったのですが）や不正受給などです。やや古いデータですが，2007年度における不正受給件数は15,979件，金額にして91.8億円にのぼります。実際にはこれを上回る不正受給も考えられます。加えて，貧困ビジネスとも呼ばれる不法な生活保護扶助費の搾取などもあると指摘されています。但し，受給資格の審

査についてはただ厳しくするのではなく、必要な人には受給しやすくする仕組みもあわせて考えていく必要があります。

● ───── **生活保護の課題②：医療扶助の増加**

　生活保護に関わる費用のうちほぼ半分を医療扶助が占めています。医療扶助は現物給付であり、また公的医療保険と異なり受診時の窓口負担がありません。そのため、受給者からは過剰受診を、診療側からは医薬品等の過剰投与を引き起こしやすいという指摘もあります。また生活保護受給者のうち、およそ8割が医療扶助を受けているというデータもあります。

　医療扶助の中身を見ると、入院がおよそ6割を占めているようです（厚生労働省社会保障審議会、生活保護基準部会資料2011年6月28日付）。また入院の中でも精神関連系病院への入院が多く、社会的入院の可能性もあるようです（堀(2013)）。

　医療扶助に関わる費用をいかに効率化するかは、生活保護全般の費用負担を考えるうえで大事なポイントです。厚生労働省などでは、医療機関に対する指導強化、後発医薬品の利用促進、一部自己負担の導入などを検討しているようです。

● ───── **生活保護の課題③：ナショナル・ミニマムのあり方**

　諸外国における最低所得給付にあたるのが生活扶助基準額でした。いわば生活扶助がナショナル・ミニマムを表すものとして位置づけられます。一方、最低生活水準を維持するための制度としては、この他に最低賃金や老齢基礎年金などもあります。

　最低賃金の水準と生活扶助基準額を比較することは簡単ではあ

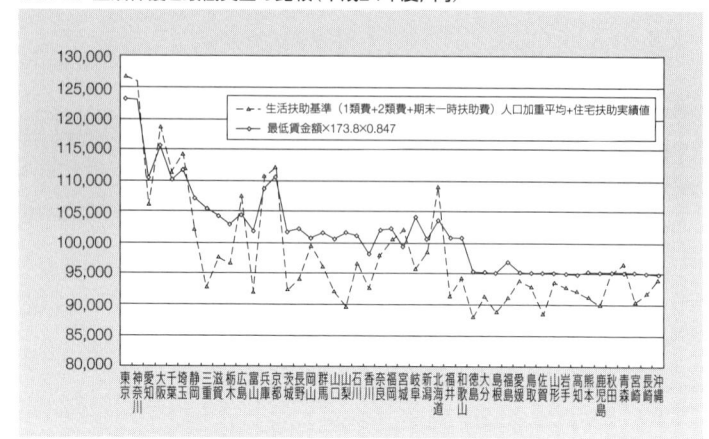

[図3-6] 生活保護と最低賃金の比較(平成24年度, 円)

凡例:
- 生活扶助基準（1類費+2類費+期末一時扶助費）人口加重平均+住宅扶助実績値
- 最低賃金額×173.8×0.847

出所：平成25年度中央最低賃金審議会目安に関する小委員会(第2回)資料

りませんが、地域によっては就労により得られる最低賃金よりも生活扶助のほうが高いところもあります。[図3-6]は平成24年度（2012年度）における都道府県別の最低賃金の水準と生活扶助基準額を比較したものですが、いくつかの都道府県では生活扶助基準額が最低賃金を上回っています。

　生活扶助と老齢基礎年金との水準格差も課題です。すでに紹介したように、高齢単身世帯の生活扶助額は東京都区部に居住している場合には月額80,140円と老齢基礎年金（月額67,000円）を上回っています。このことは最低賃金との格差よりも深刻な問題をもたらしかねません。現役期に国民年金の保険料を支払わなくても、老後は生活保護に頼ればより高い水準の生活費を得られるというモラ

ル・ハザードを引き起こしかねないからです。

　今後，生活保護，最低賃金，そして老齢基礎年金を"横串刺し"にしたナショナル・ミニマムのあり方を積極的に考えていく必要があるでしょう。

●───今後の改革の方向性について

　生活保護受給者の増加や財政的負担の拡大とともに，制度のあり方を見直すべきという議論も多いようです。最後に，先進国の最低所得給付の考え方を参考に，改革の方向性を考えてみたいと思います。

　第2節までで見てきた諸外国の最低所得給付では，就労可能な者には就業を促すという考え方がありました。日本の生活保護制度でも福祉事務所の指導において就業支援を行っていますが，十分とは言えません。もちろん，現在の生活保護受給者には高齢者や病気の人も多いのですが，そうした受給者以外で就業が可能な者には就業を条件とするようなワークフェアの考え方を導入することも検討されるべきです。その際，失業期間等が長い，あるいは職業能力が不足している，ということになれば，そのための職業教育などの支援をセットで行う仕組みを組み込むことが必要でしょう。すなわち，積極的労働市場政策を取り入れるということにつながります。最終的には，生活保護の対象者は就業不能な低所得者に限定するということも考えられます。

　二つ目は，同じことの裏返しになりますが，生活保護の対象者を絞るとともに支援を必要とする人には積極的に手を差し伸べることが求められています。不正受給など実際に対象にならない人に

支給されている生活保護を削減し（垂直的効率性を高めるといいます），必要な人をできるだけ幅広く支援する（水平的効率性を高めるといいます）ことが求められています。社会保障の専門用語で言えばターゲッティングを効率的に行うということです。

　三つ目は，給付のあり方です。医療扶助に関してはすでに述べたようにこれを削減することが必要です。一方，生活扶助に関しては一部バウチャー（使用目的を限定したクーポン券）制度を取り入れることも検討すべきではないでしょうか。最低生活保障という視点から，基本となる食料費などに関してはフードスタンプ等を取り入れることも考えられます。特に，今後の消費税率引上げに関して低所得層に対する逆進性を押さえるためにも，税込のフードスタンプ等を工夫していくことは有用ではないでしょうか。

　最後は，これはすでに述べたことの繰り返しになりますが，ナショナル・ミニマムのあり方を考え，他の制度との整合性を図っていくことです。

　生活保護は私たちの社会の最後のセーフティ・ネットです。安全網が切れないように，そして安全網があるからリスクに挑戦できる，そんな社会を構築するためにも生活保護制度の改革は重要です。

第4章 公的年金制度

高齢化の進展とともに，老後の生活を支える年金制度の重要性はますます高まっています。日本では高齢世帯の所得に占める公的年金等の割合は高く，多くの高齢者が年金に依存している現状があります。その一方で，相対的に人口の割合が減少している現役世代の負担は次第に重くなっています。しかしその現役世代も老後は年金に頼らざるを得ませんので，公的年金制度を持続可能な仕組みとして維持していく必要があります。

　最初に，なぜ政府が年金制度を運営する必要があるのか，また公的な年金制度の財政はどのような仕組みになっているのか，といった基本的なことを整理します。こうしたことを理解することで，各国でなぜさまざまな年金制度改革を行っているかがわかるようになります。第2節では日本をはじめ，OECDなど先進諸国やアジアの国々などの年金制度についてその概要を紹介します。さらに，第3節では，先進諸国を中心に，年金の支給開始年齢や給付水準，負担の程度などについて国際比較を行います。最後の第4節では，こうした国際比較を踏まえて，日本の年金制度改革の方向性について議論したいと思います。

1　公的年金の意義と年金財政

　政府はなぜ年金制度を運営しているのでしょうか。民間の保険会社では年金は供給できないのでしょうか。また，政府が運営する年金と民間の年金保険では何が違うのでしょうか。まずは，こうした点を明らかにしましょう。そのうえで，公的年金制度の財政運

営の方式や少子高齢化がもたらす影響などを説明します。

● 公的年金の必要性1：長生きのリスク

　年とともに働くことが難しくなり，労働所得も減少します。しかし生活を続けるには消費を行う必要がありますから，日常の消費をまかなう所得を確保しなければなりません。このことは長生きするほどに深刻になりますので，まさに長生きのリスクと言ってもいいでしょう。こうしたことに対処するには若い頃からの貯蓄が必要になることは明らかです。しかしここに大きな課題が二つあります。

　一つはどれだけ貯蓄をすればいいか，わからないことです。民間の金融機関で貯蓄をしたとしても，自分は何歳まで生存するかがわからないので，どれだけ貯蓄をすればいいのかを決めることができないという問題が生じます。二つ目は，若い頃から老後のことを考えて確実に貯蓄を続けることが難しいという問題です。老後のことは心配であっても，現在や近い将来のことしか目に入らず，長期の貯蓄をすることはなかなか簡単ではありません。将来のことをあまり気にかけずに貯蓄をしない，ということもあるでしょう。経済学的にはこうした人を「近視眼的な個人」などともいいます。

　こうした長生きのリスクに対応するには，終身で生活に関わる所得を提供し，またそのための貯蓄を強制的に行わせる仕組みが欠かせません。民間貯蓄では拠出した以上の給付を受けることはできませんから，こうしたことができるのは政府だけです（但し，政府も年金の収支を無視することはできませんから，長生きの人に終身で年金を給付するには，短命な人の貯蓄をそれに回すという，ある意味での所得分配が条件となります）。また，若い人に強制的に貯蓄をさせる仕組みを用

意できるのも政府だけです。公的年金は，まさにこの強制的な貯蓄に相当します。したがって，長生きのリスクに対応するには政府の関与がなければできないのです。

　なお，強制的な貯蓄をさせるもう一つの理由に，モラル・ハザードの防止があります。すでに概観したように，多くの国では最低限の生活保障を制度化しています。日本でも，老後の生活費を欠く高齢者には生活保護による公的扶助があります。こうした最低限の生活保障が得られるのであれば，若い頃に自主的に貯蓄を行うインセンティブが低下するでしょう。すると，多くの人が老後のための貯蓄を行わず，生活保護に頼ることになります。そうなれば，一生懸命に若い頃から老後のための貯蓄をした人に対して不公平になり，さらに生活保護の財源は租税ですから，自分のための貯蓄をしてきた人は，怠けた人のための生活費の一部も支払うことになります。こうした二重の不公平を回避するためにも強制的な貯蓄が必要となるのです。残念なことに，近年，若い人を中心に国民年金保険料の未納が目立ってきました（これについては後述します）。すべてがモラル・ハザードを理由とするものではありませんが，二重の意味での不公平をもたらさないような仕組みが必要となってきています。

●───公的年金の必要性2：情報の非対称性

　年金は長生きのリスクに対処するためのものです。人によって，このリスクの捉え方はさまざまでしょう。長生きしそうだと考える人（これは家系や遺伝などから本人にある程度予想がつくと考えられます）ほど，年金に対する需要は高いと考えられます。このような性格を持つ年

金を民間保険会社がすべて受け持つとどういうことになるでしょうか。

保険会社は年金の給付に見合う保険料を徴収する必要があります。本来なら，保険を購入する人の長生きの情報を把握して個別に保険料を設定しなければなりませんが，そうした情報を正確に把握することはできません。したがって，平均的な余命をもとに平均的な保険料を設定することになります。そうなると，自分が短命だと感じている人は保険料が高くつきますから年金保険を購入しないでしょう。反対に自分は長命だと考える人だけが年金に加入します。ここに情報の非対称性，すなわち保険会社は加入者に比べ，年金需要に関する情報を持たないという状況（逆選択）が生じ，結局民間の年金保険に加入するのは長命だと感じている人だけになってしまいます。

このように民間保険会社に年金を任せるとすべての人の長生きのリスクに対応できませんから，すべての国民を強制的に加入させられる公的な年金制度が必要となるのです。その場合，政府は平均的な寿命に対応した保険料で終身年金を供給することが可能になります。

●──公的年金の必要性3：インフレリスクなどへの対応

その他にも公的年金が必要な理由はあります。インフレリスクへの対応もその一つです。老後のための生活費を積み立てていても，インフレによって価値が減ってしまえば役に立ちません。また実物資産などを蓄積していても災害などで資産を失うこともあります。政府が現役世代から保険料を徴収し，これをもとに高齢世代に年金

を給付する仕組みであれば、こうしたリスクを回避することができます。近年では、デフレの状況下にあってはインフレのリスクはあまり強調されませんが、公的年金制度の必要性の重要な要素であることは間違いありません。

● 年金の財政運営方式

上でも述べたように、多くの国の公的年金は、現役世代が保険料(もしくは年金税)を納め、それを財源として高齢世代に年金を給付する仕組みを取っています。これを賦課（Pay-as-you-go, PAYG）方式といいます。日本の公的年金制度では、こうした財政運営の仕方を「年金の世代間扶養」と呼んでいます。[図4-1]にあるように、日本では20歳以上の現役世代が保険料を支払い、年金受給世代を助けていますが、この現役世代の人たちが高齢になって年金受給世代になると、さらに若い世代からの保険料で、今度は年金をもらう側になる、という仕組みです。そのため、世代間の扶養という言い方をしているのです。もし各世代の人口や経済の状況がまったく変わらなければ、現役時代に支払った保険料は、時間をずらして自分自身が高齢時に年金として受け取ると解釈できます。

年金の財政運営方式には積立（fund）方式もあります。これは現役時点で保険料を支払いますが、それを支払った個人の名義で積み立て、金融市場等で運用して引退後の生活保障を用意する方式です。一般にある金融商品と同じようなものと考えていいでしょう。

実は、日本の公的年金制度はこの積立方式ではじまりました。しかし第二次世界大戦直後のインフレなどによって積立金が目減りしたため、制度を維持することが難しくなり、そのため賦課方式を

[図4-1] 年金の世代間扶養

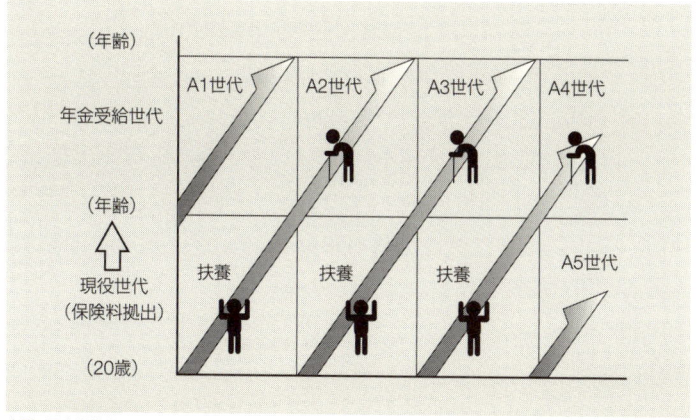

出所：厚生労働省HP

一部取り入れました。その後，賦課方式による財政運営が主体となったのですが，毎年給付金以上の保険料の徴収を行うなどして，余剰金を積み立てていることなどもあり，年金の財政運営方式は「修正積立方式」と呼ばれています。ちなみに，厚生年金と国民年金あわせて2012年度末でおよそ126兆円もの積立金があります。

　なお，年金制度の財政方式では確定給付と確定拠出という区別もあります。確定給付とは，年金の給付額を先に決め，それに見合う保険料を算出するという方式で主として上記の賦課方式の年金で採用されています。一方，確定拠出とは，保険料を先に決め，年金給付額は保険料の運用等によって変わりうる形式のもので，積立方式の年金は確定拠出の方式によります。

●────**少子高齢化と年金制度改革**

　多くの国では賦課方式で公的年金制度を運営しています。その場合，人口の年齢構造の変化は年金財政に大きな影響を与えます。現在，先進国の多くが少子高齢化に伴う年金財政の悪化に対応するためさまざまな改革を行っています。それを紹介する前に，少子高齢化と年金財政の関係を整理しておきましょう。なお，以下では少子化は現役世代の人口の減少を，また高齢化は高齢世代の人口の増加を意味するものと考えます。

　賦課方式の年金制度では，毎年の年金財政を均衡させるためには保険料の総額と年金給付総額が釣り合っていることが必要です。ここでは単純に租税等からの補塡は考慮せず，また積立金からの利子収入などもないとします。この時，以下の式が成立している必要があります。

$$\text{1人当たり賃金} \times \text{年金保険料率} \times \text{現役世代の人口} = \text{1人当たり年金給付額} \times \text{高齢世代の人口}$$

　少子高齢化によって左辺の現役世代の人口が減少し，右辺の高齢世代の人口が増加する場合，この等式を維持するにはどうすればいいでしょうか。そのための政策としては，①年金保険料率を上昇させる，②1人当たり年金給付額を引き下げる，③高齢世代の人口の中の年金受給者を減少させる（年金支給開始年齢の引上げ等），④1人当たり賃金を増加させる，といった方策が考えられます。最後の1人当たり賃金の上昇は，経済成長を持続可能なものにするということですから，年金制度改革とはやや異なる経済政策の分野です。残りの三つの方策が年金制度改革の基本的なメニューと

なるのです。

　日本では長らく①の年金保険料率の上昇によって年金財政の改革を進めてきたのですが，高齢化の急速な進行により保険料率引上げだけでは追いつかず，2004年度の年金制度改革では年金給付額の見直しが行われました。最近では，基礎年金の65歳支給開始年齢の引上げも議論の俎上にのぼるようになりました。

　なおこの他にも，積立方式は自分で老後の準備をする制度ですから年齢構造の変化に対して中立的な性質に着目して，賦課方式（修正積立方式）の仕組みを積立方式に変更しようという提案もあります。実際にチリやアルゼンチンなどでは積立方式への移行が行われました。しかし積立方式への移行では，現在の現役世代は高齢世代のための保険料負担に加え，自分のための保険料も同時に負担しなければならないという二重の負担の問題があって容易には実行できません。

2　各国の公的年金制度と改革

　ここでは各国の公的年金制度について紹介します。年金制度といっても国によってその仕組みは大きく異なります。最初に日本の公的年金制度を取り上げ，次いで欧米先進国やアジア諸国の年金制度などを概観します。

●───日本の年金制度

　日本の公的年金制度は2階建ての体系として表すことができます。

1階部分は全国民共通の基礎年金制度で，老後の基礎的な部分をまかなう基礎年金の給付を行っています。2階部分は被用者を対象とする年金保険であり，民間企業のサラリーマンや公務員などがその対象になっています。2階部分で民間企業のサラリーマンなどが主に加入する制度が厚生年金保険，また公務員が加入する制度が共済組合です（[図4-2]参照）。民間企業のサラリーマンや公務員以外の職業に就いている就業者や主婦などは1階部分の国民年金のみに加入することになります。

　国民年金の被保険者は三つに分類されています。第2号被保険者は，厚生年金保険の被保険者または共済組合の組合員・加入者であり，第3号被保険者は20〜60歳未満の第2号被保険者の被扶養配偶者です。そして第2，3号被保険者以外で日本国内に住所のある20〜60歳未満の者が第1号被保険者となります。第1号被保険者には自営業や独立して仕事をしている人，農林水産業に従事している人や学生などが該当しますが，民間企業に勤務していても正社員以外で非正規雇用にある多くの就業者も第1号被保険者となっています。

　このような年金制度の仕組みになったのは1985年以降です。それ以前は基礎年金の制度がなく，厚生年金保険，共済組合，それに自営業者や専業主婦を対象に任意加入であった国民年金（旧制度）に分立していたのですが，国民年金の財政状況が逼迫したことや制度間格差の縮小，女性の年金権を確立することなどの理由とともに，本格的な高齢化社会に備えるため，基礎年金制度を導入しました。

　現在，国民年金の保険料は月額15,250円（2014年度）ですが，

2017年度まで順次引き上げられ，最終的には2004年度価格で16,900円になる予定です。厚生年金保険の保険料率は17.12％(2013年9月)で，これに賃金を基準に設定された標準報酬月額を乗じて保険料が決まります。但し，この保険料は労使で折半することになっています。なお，厚生年金保険の保険料率も2017年度まで順次引き上げられ，最終的には18.3％になる予定です。

基礎年金のうち老齢基礎年金の支給開始年齢は65歳です。従来は60歳からの支給でしたが，高齢化とともに支給開始年齢が引き上げられました。また，厚生年金については，男性は2025年度までに，また女性は2030年度までに65歳からの支給になる予定ですが，現在は60歳からの支給開始年齢を引き上げている段階です。基礎年金の給付額は，40年間加入し保険料を支払った場合の満額が年間で772,800円です。但し，25年以上保険料を納付しないと年金給付を受けることはできません（これは2015年10月以降，10年間に短縮されることになっています）。

基礎年金の給付には保険料だけでは不足するため，従前から公費負担が行われてきました。2009年度からは公費負担の比率がそれまでの1/3から1/2に上昇したのですが，それを補うための税収が見つからず，2014年4月からの消費税率引き上げの大きな要因となりました。

なお，公的年金には含まれませんが，年金制度全体では公的年金を補完する部分として，確定給付企業年金や厚生年金基金，確定拠出年金など，主に被用者を対象とした年金制度や，国民年金基金といった国民年金第1号被保険者を対象とした制度などの3階部分もあります。

◉ ─── **アメリカの年金制度**

 アメリカの公的年金制度には，被用者と自営業者を対象とした1階建ての制度である「老齢・遺族・障害年金保険制度（Old-Age, Survivors, and Disability Insurance)」（略称OASDI）と公務員などに対する特別な年金制度などがあります。一般にアメリカの公的年金としてはOASDIが取り上げられます。

 OASDIは連邦政府の社会保障庁が運営し，1億6,000万人近くの被保険者が加入し，5,000万人以上に年金を給付しています。対象者は被用者および年収400ドル以上の自営業者で，社会保障税（Socia1 Security Tax，日本の社会保険料に相当）を10年間以上納めた人を対象に年金を支給しています。保険料率は12.4%（2013年）で，被用者の場合これを労使で折半しますが，自営業者の場合はすべて自己負担になります。なお，日本と違って国庫負担等による財源の補塡はありません。

 給付額（基本年金額，Primary Insurance Amount, PIA）の計算は複雑です。［図4-2］にあるように，基本年金額は加入者の現役時代の所得によって段階的に変わります。毎年の賃金上昇率を参考に調整を行った平均賃金月額が767ドル未満の場合にはその90％，767ドル超4,624ドルまでについては32％，4,624ドル超過分については15％が支給されます。老齢年金の支給開始年齢は66歳ですが，2027年までには67歳に引き上げられる予定です。また，老齢年金を受け取るには10年以上の加入が必要となっています。

 OASDIの問題はなんといっても財政的な限界が近づいているということです。社会保障税からの収入のうち給付に使われなかった分については社会保障信託基金として積み立てていますが，

[図4-2] 諸外国の年金制度

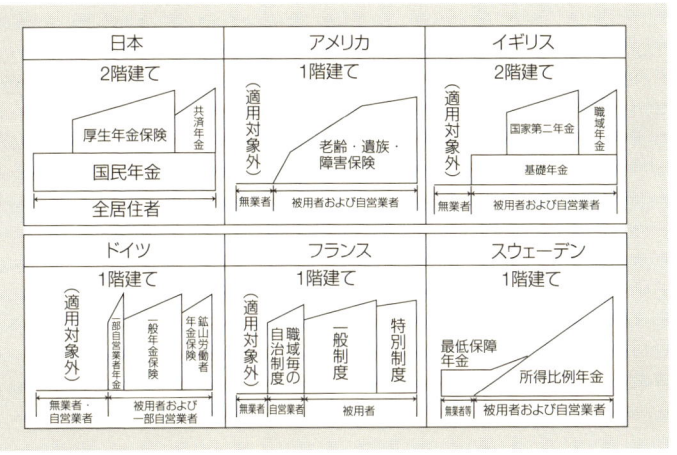

日本	アメリカ	イギリス
2階建て	1階建て	2階建て
厚生年金保険／共済年金／国民年金（全居住者）	（適用対象外）／老齢・遺族・障害保険（無業者／被用者および自営業者）	（適用対象外）／国家第二年金／職域年金／基礎年金（無業者／被用者および自営業者）

ドイツ	フランス	スウェーデン
1階建て	1階建て	1階建て
（適用対象外）／自営業者年金／一般年金保険／鉱山労働者年金保険（無業者・自営業者／被用者および一部自営業者）	（適用対象外）／職域毎の自治制度／一般制度／特別制度（無業者／自営業者／被用者）	最低保障年金／所得比例年金（無業者／被用者および自営業者）

出所：厚生労働省HP

2010年代後半以降のベビーブーマーの引退によって次第に減少し、最近の報告によれば2033年には社会保障信託基金は枯渇すると予測されています。しかしながらこれに対しての具体的な方策は現在のところ示されていません。

アメリカではOASDIの他、企業年金が充実しています。特に確定拠出型企業年金の代表である401kが急速に普及しています。これは、①加入者が運用方法を選択し、②拠出金は加入者が行うが、事業主も一定の追加拠出を行う、というものです。

● ──── **イギリスの年金制度**

イギリスの年金制度は日本と同様に2階建ての構造となっていま

第4章 公的年金制度

す。1階部分は全国民を対象とする退職年金（基礎年金），2階部分は被用者のみを対象とする国家第二年金(State Second Pension)などで構成されています。基礎年金の対象者は週107ポンド以上の所得がある被用者と年5,595ポンド以上の所得がある自営業者で，日本のように専業主婦などに対する給付はありません。

　イギリスでは年金制度だけが独立しているのではなく，労働災害や雇用などの他の社会保険と総合的に運営される国民保険の一部となっています。そのため，年金だけの保険料はありませんが，国民保険全体の保険料率は所得の25.8％で，このうち本人が12％，使用者が13.8％を支払うことになっています。なお，自営業者の場合は週2.65ポンドになっています（いずれも2012年末現在）。

　基礎年金の支給開始年齢は男性が65歳，女性は2010年以降60歳から段階的に引き上げられ，2018年には65歳になる予定です。なお，その後男女とも2046年までに68歳まで支給開始年齢が引き上げられることになっています。基礎年金の給付額は満額の場合，週107.45ポンド，被扶養配偶者には週64.40ポンドが支給されます。

　イギリスの年金制度には2階部分に国家第二年金があります。これは年間5,564ポンド以上の収入がある被用者に対して所得比例で年金を給付するものですが，日本の厚生年金と大きく異なるのは，被用者は一定の基準を満たす職域年金（企業年金）かもしくは個人年金に加入すれば，2階部分の国家第二年金に加入しなくてもいい点です。これを適用除外制度といいます。実際には適用除外制度を受ける被用者も多く，職域年金が事実上の2階部分になっているようです。なお，職域年金等がない場合には政府（内国歳入庁）

が運営する確定拠出型個人年金であるステークホルダー年金に加入することで適用除外が受けられます。このステークホルダー年金は管理費用を抑え，保険料を定額に抑えたものです。

イギリスの公的年金制度の特徴をまとめると，①公的年金の給付水準が相対的に低いこと，②私的年金の役割を高め，公的年金のウエイト縮小を行ってきたこと，③高齢化の速度が緩やかで財政への危機感があまりないこと，などがあげられます。

ドイツの年金制度

ドイツの公的年金制度は1階建てです。以前は，労働者（ブルーカラー）の労働者年金保険と職員（ホワイトカラー）の職員年金保険があって分立していましたが，2005年から一般年金保険に統合されました。一般年金保険の加入者は被用者が中心ですが（自営業者の中でも芸術家，ジャーナリストなどは加入しています。また自営業者は任意で加入できます），被用者であっても鉱員などが加入する鉱員年金保険や，自営業者であっても特定の職業グループの人々は独自の年金制度（医師や弁護士などの自営業者相互扶助制度や農業経営者の農業者老齢保障など）を持つなどドイツでは年金制度が分立していて，非常に複雑になっています。このように，ドイツの公的年金制度では一般の自営業者や主婦等は公的年金制度に加入していませんので国民皆年金ではありません。

一般年金保険の保険料率は19.6％（2012年末）で，これを労使双方で半分ずつ負担します。自営業者は19.6％を全額自己負担することになります。なお，この保険料率の水準は固定されたものではなく，一般年金保険が持つ積立金が一定の範囲を超えて減少す

る場合には改定されることになっています。また，今後，高齢化等の進展で保険料率が引き上げられる場合にも2030年までに30％を上回らないようにするとされています。財源はこの保険料に加え，給付額のおよそ1/4相当の国庫負担があります。

　一般年金保険の老齢年金の支給開始年齢は65歳ですが，2012年から2029年にかけて段階的に67歳まで引き上げられることが決まっています。支給開始は65歳ですが，減額を受け入れて繰上受給する高齢者も多くなっています。給付額は所得比例となっていて非常に複雑な方式で決定されており，また可処分所得の伸び率に応じて改訂されます。現役世代の平均的な可処分所得に対する老齢年金の給付額の割合（所得代替率）は約53％となっています。

　ドイツでも少子高齢化の影響で年金財政が逼迫しています。そのため，さらなる保険料率の上昇を抑えるため，2001年改革で給付水準の抑制が行われました。この給付水準の引き下げを補う措置として，2002年から導入されたのがリースター年金です。リースター年金は任意加入による積立方式の私的年金であり，加入者には拠出額に対して補助金や税制上の優遇を与えるものです。大事なポイントは，リースター年金の導入によってドイツでは今まで公的年金が担っていた役割を縮小し，民間の年金制度に老後の生活保障の一部を委ねるという決断をしたということです。

● ─── **フランスの年金制度**

　フランスの年金制度も1階建ての構造となっていますが，職域ごとに分立した複雑な構造となっています。無業者は年金制度に加入しておらず，国民皆年金となっていません。商工業に携わる被

用者の多くは一般制度に加入していますが、公務員等は他の制度（国家公務員制度などの特別制度）に所属しています。一般制度に加入している被保険者の保険料率は16.85％で本人が6.85％、使用者が10.0％の配分となっています。年金給付の財源としては保険料の他に国庫負担が約30％あります。

老齢年金の支給開始年齢は現在60歳です。1983年に当時65歳であった支給開始年齢を、高齢者の引退を促進し若者の失業率を低下させるため60歳に引き下げた経緯があります。しかし高齢化の進展とともに2011年の年金改革によって2017年までに62歳にまで引き上げられる予定です。加えて、満額の年金を受給する場合には支給開始年齢が65歳になるような制度改正も行われました。

給付額は過去の拠出期間の中でもっとも賃金の高い25年間分の平均賃金の水準で決まります。したがって平均的な水準の算出は難しいのですが、満額の年金であればその25年間の賃金の50％になります。

● スウェーデンの年金制度と年金改革

スウェーデンは1999年の年金改革で大規模な制度の変更を行いました。スウェーデンでは公的年金制度の主軸となる部分を、それまでの給付水準を先に決定して保険料率をそれに合わせる給付建て賦課方式から、拠出する保険料の水準を先に定める拠出建て賦課方式という新しい考え方を採用しました。

少し解説を加えますと、今までは高齢世代の毎年の年金給付額をまかなうだけの保険料率をその年の現役世代から徴収していまし

た。その年の年金給付の財源をその年の保険料によってまかなうという点はすでに述べた賦課方式と同様です。しかしスウェーデンは，主として年金財政は賦課方式でまかなうものの，高齢世代の年金の水準は現役時点に支払った保険料を積み立てて，市場で運用したとみなした場合に得られる運用益(みなし運用益)と元本(保険料)の合計額から決定するという仕組みに変えたのです。したがって，現在のスウェーデンの若い世代が支払った保険料はそのまま高齢世代の年金給付に充当されるものの，個人の年金口座に保険料とみなし運用益が記録され，引退後にその口座の記録をもとに年金給付額が決まるということになります。こうした仕組みを「概念上の拠出建て賦課方式」といいます。なお，こうした制度改革はスウェーデンのみならずイタリア，ラトビア，ポーランド等でも導入されています。

　この仕組みには他にもさまざまな工夫が施されています。第一に運用利回りですが，これは実際に金融市場で運用するのではなく，名目所得の上昇率を運用利回りとみなします。第二に，今後の平均寿命の伸長にあわせ，平均寿命が伸びれば保険数理的な計算によって年金給付額を自動的に減額するという仕組みも取り入れています。第三に，年金を受け取る前に亡くなった被保険者の口座にある保険料は同じ生年の生存する被保険者に配分されることになっています。

　[**図4-2**]にあるように，スウェーデンの公的年金制度は1階建てで，所得比例年金と呼ばれています。その保険料率は18.5％となっていますが，そのうちの16％に相当する部分が上で述べた「概念上の拠出建て賦課方式」です。残りの2.5％については積立方式を導

入しました。これは実際に被保険者の名義の金融口座に保険料を積み立てて、これを金融市場で運用し、引退後に年金を受け取るというものです。積立方式部分についても全員が加入し、運用先は公的機関か民間委託かの選択が行えます。

1999年の改革では、所得比例年金に加え最低保障年金という制度も加わりました。所得比例年金では現役時代に低所得であった人は、十分な年金給付の水準を確保できない場合があります。そこで国庫負担によって必要な年金給付が補填される最低保障年金の制度が設けられました。最低保障年金は拠出に基づき給付を行う社会保険ではなく、むしろ社会扶助（生活保護）に近い性格を持ちます。但し、ミーンズテスト（資力調査）なしに年金が支給される点が生活保護などと異なります。

スウェーデンの年金制度のもう一つの特徴は、自動財政均衡メカニズムが導入されたということです。これは年金会計の資産と負債のバランスを保つ制度です。年金資産額はこれまでの年金の積立金と将来にかけて見込まれる保険料の拠出額の合計で、年金負債額は現在の高齢世代のみならず、将来にかけての年金給付額の合計額からなります。経済状況や人口構造の変化とともに、年金資産額、負債額は変化しますが、負債額が資産額を超えた場合には年金受給額を自動的に削減するという仕組みがこの自動財政均衡メカニズムです。なお、保険料率（18.5％）は固定され、資産と負債の不均衡は給付のみで調整します。

所得比例年金の支給開始年齢は61歳以降で、受給者が選択を行います。早く受給するほど給付額は減額されることになります。また、最低保障年金の支給開始年齢は65歳となっています。

● ──── **諸外国の特徴ある年金制度**

　カナダ，オーストラリア，チリの特徴ある年金制度を紹介したいと思います。これらの国の制度は，年金制度改革の中でしばしば引用されることが多いものです。

　カナダの年金制度は2階建てになっており，1階部分が基礎年金（Old Age Security, OAS），2階部分が所得比例年金（Canada Pension Plan, CPP）です。特徴的な点は二つです（［図4-3］参照）。第一に，この基礎年金部分については高所得者に一部減額（実際には翌年の確定申告で返還）を義務付けています。この制度をクローバック制と呼びます。2013～2014年では所得が69,562カナダ・ドルを超えると，その額を超える分につき15％の基礎年金の減額を行い，112,966カナダ・ドル以上の場合には基礎年金が支給されないことになります。

　第二の特徴は補足年金給付（Guaranteed Income Supplement, GIS）があることです。この補足年金給付は，カナダに在住している65歳以上の低所得者に支給されるもので，すべて国庫負担になります。支給を受けるには世帯単位での所得調査（インカム・テスト）が必要になります。

　オーストラリアの年金制度もまた特徴的な仕組みを持っています。オーストラリアの年金制度は2階建てで，1階部分が社会保障年金，2階部分が退職年金保障と呼ばれています。特徴的なものは1階部分の社会保障年金です。これはすべて税財源でまかなわれ，現役時代の所得と無関係に一定額が支払われる仕組みで，いわば最低保障年金に相当します。但し，所得調査や資産調査によって高所得や高資産の所有者の場合には減額されることになっています。もう一つの特徴は2階部分の退職年金保障です。これは積立

[図4-3] カナダの年金制度

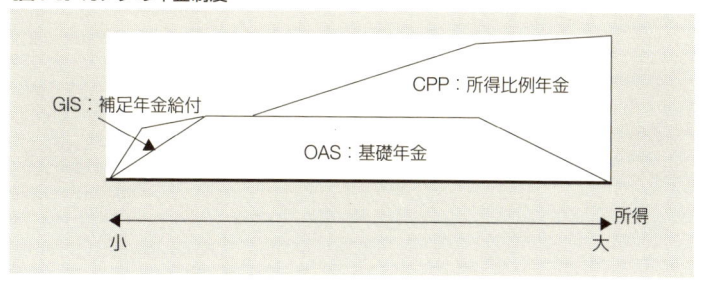

```
GIS：補足年金給付
       CPP：所得比例年金
       OAS：基礎年金

小 ←―――――――――――――→ 大  所得
```

方式であり，1992年に導入されました。

　積立方式の制度の先駆けと言えばチリです。チリは賦課方式の年金制度を積立方式に移行した最初の国です（1981年）。その後，南米諸国を中心に積立制への移行を試みた国が続出しました。チリの年金制度の歴史は古く，そのため1970年代から年金制度内部での高齢化（被保険者に対する受給者の比率が上昇）が進み，従来の賦課方式では財政的に厳しくなりました。そこで，チリ政府は民間の年金基金運営会社に年金制度の運用と管理を任せ，加入者は個人口座に保険料を積み立てる制度への変更をはじめました。すでに年金制度に加入している被保険者は旧制度（賦課方式）に残るという選択肢もありましたが，新制度（積立方式）では保険料が大きく下げられるなどのインセンティブを与え，新たな被保険者には新制度への加入が強制されました。

　積立方式への移行にあたって，旧制度に属する年金受給者の給付額の財源が減少しました。いわゆる二重の負担の問題です。

チリ政府はその財源をまかなうため、移行に先立つ5年間、GDPの5％に相当する政府貯蓄を行ってこれに対応しました。

チリの年金制度改革に触発されてアルゼンチンやボリビアなどの南米諸国も積立方式への移行を行いました。しかしながら、チリを含め移行後の財政負担は大きく、こうした積立制への移行が他の国でも容易にできるとは限らないことを述べておきたいと思います。

●───アジア諸国の公的年金制度

アジア諸国でも近年、公的年金制度が充実しはじめています。

中国では、1951年に制定された労働保険条例によって、国有企業従業者等に対する年金給付、医療給付等が行われるようになりました。しかしながら、広範な国土と人口のため、全国統一的な制度構築はできないまま今日に至っています。都市部では年金、医療等の諸制度が充実している一方、農村部では年金制度等に入っていない者も多いようです。公的年金制度としては、都市従業者基本年金、公務員年金、農村社会年金などがあります。都市部では年金制度に強制加入となっていますが、実際の加入者は50％程度で、必ずしも多くはありません。

都市従事者基本年金制度は1997年からはじまった制度です。これは、個人口座への積立と基金への支払い（賦課方式）の二本立てになっていて、およそ2.8億人が加入しています。積立方式（個人口座）には個人が支払い、その保険料率は8％となっています。一方、賦課方式（基金分）部分は企業が負担し、その保険料率は20％です。年金を受給するには15年以上保険料を納めることが条件で、支給開始年齢は男性が60歳、女性が50歳となっています。

韓国の社会保障制度は日本と似通った体系を持っていますが，その歴史は短く，年金制度も1988年の国民年金法の施行以降です。韓国の国民年金制度では，当初は10人以上の事業場加入者に限定されていましたが徐々に対象を拡大し，1999年には国民皆年金となりました。そのため，国民年金の加入者は事業場加入者，地域加入者，任意加入者などに分類されています。

　国民年金の保険料率は9％で，労使がこれを折半します。しかしながら，韓国も少子高齢化が懸念され，今後保険料率は維持するものの，給付水準を徐々に引き下げ，現在の所得代替率（引退後に受給できる課税前の年金額を，現役時代の課税前所得で除した割合）60％を2028年には40％まで引き下げる予定です。年金給付を受けるには10年以上の加入が必要で，また支給開始年齢は60歳です。但し，2033年までに65歳にまで引き上げることとなっています。

　タイの年金制度は，1990年に成立した社会保障法により開始されました。制度としては民間の被用者を対象とする年金制度と，公務員や軍人のための年金制度がありますが，農民や自営業者などのための公的年金はなく，いまだ国民皆年金は実現していません。なお，タイ政府は60歳以上の高齢者に対して老齢福祉手当を支給していますが，これは年金制度を補完するためのものです。

　被用者を対象とする年金制度の保険料率は6％で，これを労使で折半します。これに加えて政府が1％分の負担を加えることになっています。老齢年金の給付を受けるには15年以上の保険料の納付が必要で，支給開始年齢は55歳です。但し，年金制度が発足して間もないため，本格的な受給が開始されるのは2010年代半ば以降となっています。

マレーシアの年金制度には民間の被用者を対象とする従業員積立基金(EPF)と公務員を対象とする年金制度がありますが，自営業等の就業者にはEPFへの加入が任意となっていて，国民皆年金とはなっていません。EPFは確定拠出型の年金制度であり，加入者は個人貯蓄口座を持ち，積立方式で運営されています。拠出額(保険料率)は被用者が月収の11％，使用者は13％となっています。EPFの個人貯蓄口座は積立額の70％にあたる第1口座と残りの第2口座に分かれ，第1口座は55歳到達時に引き出すことができるようになっています。

　インドネシアの民間被用者（10人以上の従業員を雇用している事業者等で働いている被用者）向け社会保障は，労働者社会保障株式会社(PT. JAMSOSTEK)により運営されていて，その一環として老齢給付が受けられます。この老齢給付は積立制の制度であり，老齢給付の保険料率は被用者が2.0％，使用者が3.7％です。被用者は55歳になった時点で給付を受け取る権利が発生します。なお，公務員向けには賦課方式の年金制度があります。

3　年金制度の国際比較

　OECD諸国を中心として，公的年金の給付や負担に関する国際比較を紹介します。すでに見てきたように，各国の年金制度は大きく異なり，給付や負担について統一的な基準で比較することは難しいと言われています。それでも，年金制度が国ごとにどれだけ充実しているかなどは，重要な情報になるはずです。加えて各国

の年金制度の構造についても比較を試みます。

● ───── **マクロで見た年金支出**

　OECD "Social Expenditure" のデータベースを用いて，諸外国の年金支出の規模を比較してみましょう。社会支出のうち，主として公的年金が占める高齢者支出（引退年齢に達した人への現金給付。年金のみならず一時金等の支払いを含む）の対GDP比（2009年時点）を示したものが［図4-4］です。取り上げた国の中で高齢者支出の規模がもっとも高いのはイタリアで13.0％，次いでフランス12.3％，オーストリア12.0％などとなっています。日本は10.4％で第5位になっていますが，OECD全体の平均が7.3％ですから，相当高い水準にあると言えるでしょう。なお，高齢者支出の対GDP比が低い国はメキシコ（1.4％），韓国（2.1％）などで，アメリカは6.1％とOECD全体の平均を下回っています。

　日本のこの比率の推移を見ると，1980年では3.0％にすぎませんでした。これが1990年4.0％，2000年6.8％と上昇し，特に2000年代に入って急速に高まっています。ちなみに2000年時点のイタリアは11.1％，フランスは10.5％，またオーストリアは10.4％でしたから日本のこの比率の急速な上昇が顕著です。その背景には高齢化の進展とともに，2000年代以降の経済成長の鈍化が考えられます。

● ───── **ミクロで見た年金の水準**

　国ごとに異なる年金制度や雇用システムを前提とすると，年金水準の国際比較を厳密に行うことは容易ではありません。そこで，

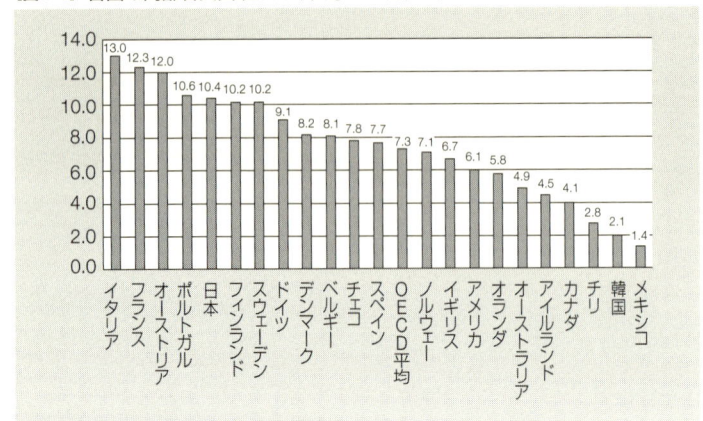

[図4-4] 各国の高齢者支出（2009年，対GDP比，％）

イタリア 13.0、フランス 12.3、オーストリア 12.0、ポルトガル 10.6、日本 10.4、フィンランド 10.2、スウェーデン 10.2、ドイツ 9.1、デンマーク 8.2、ベルギー 8.1、チェコ 7.8、スペイン 7.7、OECD平均 7.3、ノルウェー 7.1、イギリス 6.7、アメリカ 6.1、オランダ 5.8、オーストラリア 4.9、アイルランド 4.5、カナダ 4.1、チリ 2.8、韓国 2.1、メキシコ 1.4

資料：OECD "Social Expenditure Database"

　OECDが公表している年金の所得代替率をその指標として国際比較を行ってみたいと思います。なお，ここでの年金は加入が強制されている公的年金制度から供給されるすべての年金を合わせた平均です。したがって，日本の例で言えば国民年金，厚生年金などの種別に関わらない平均値ということです。この点に注意してください。

　[図4-5] は，主要な国に関して男性の年金の所得代替率を示したものです。国によって所得代替率が大きく異なっていることがわかります。所得代替率の高い国はオランダ（89.1％），デンマーク（84.7％），スペイン（81.2％）などで，これらの国は現役時代の所得の8割以上を年金がカバーしています。これに対して，日本（36.3％），

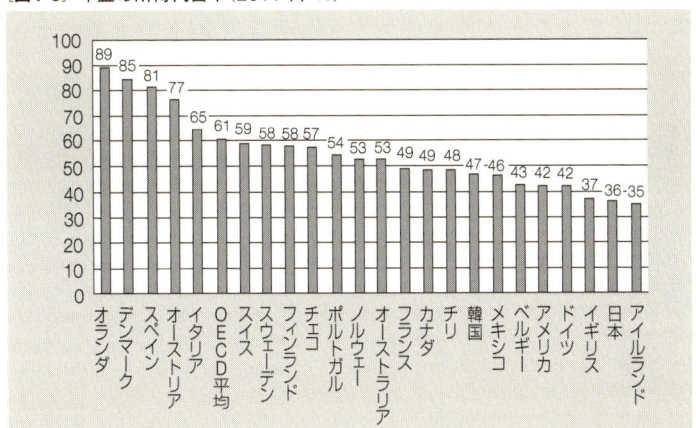

[図4-5] 年金の所得代替率(2011年, %)

国	%
オランダ	89
デンマーク	85
スペイン	81
オーストリア	77
イタリア	65
OECD平均	61
スイス	59
スウェーデン	58
フィンランド	58
チェコ	57
ポルトガル	54
ノルウェー	53
オーストラリア	53
フランス	49
カナダ	49
チリ	48
韓国	47
メキシコ	46
ベルギー	43
アメリカ	42
ドイツ	42
イギリス	37
日本	36
アイルランド	35

資料:OECD "Pensions Outlook 2012"

イギリス(37.0％)，ドイツ(42.0％)，アメリカ(42.3％)などは低い水準に留まっています。もっとも低いのはアイルランド(34.9％)でした。なおOECDの平均は60.8％です。

公的年金は引退後の基本的な生活保障を担うものです。年金の水準と高齢期の貧困率との関係についても見ておきましょう。ここでの高齢期の貧困率は65歳以上人口の所得の中位値を求め，その半分以下しか所得のない人の割合です(出所はOECD "Pensions Outlook 2012")。所得代替率の高い上位3ヶ国についてはオランダが2.1％と低いのですが，デンマークは10.0％，スペインは22.8％と比較的貧困率は高いようです。反対に所得代替率の低い国では

アイルランドが30.6％，日本が22.0％，イギリスが10.3％，アメリカが22.4％と，ドイツの8.4％を除き全体的に貧困率は高くなっています。

●──── 支給開始年齢の比較

次に公的年金の支給開始年齢の比較をしてみましょう。2010年時点の男性の年金支給開始年齢でもっとも多いのは65歳で，［図4-5］に掲げた国で65歳より早く年金が支給されるのは，イタリア59歳，韓国60歳，フランス60.5歳，チェコ61歳で，反対に65歳より遅いのはアメリカ66歳，ノルウェー67歳です。なおOECD全体では63.3歳でした。一方，女性の年金支給開始年齢はばらつきが大きく，主要な国を見るとアメリカ66歳，イギリス60歳，ドイツ65歳，フランス60.5歳，スウェーデン65歳，日本62歳などで，OECD平均では61.9歳です。

しかし，どの国も高齢化の影響を受けており，多くの国では支給開始年齢の引上げが予定されています。2010年時点の男性の支給開始年齢が65歳の国で2030年にこれを67歳にまで引き上げることを予定している国は，デンマーク，スペイン，オーストラリア，ドイツ，イギリスなどです。また，イタリアは2010年の59歳から2030年には67.3歳へと大幅に引き上げる予定であり，アメリカは66歳から67歳，フランスは60.5歳から62歳へ引き上げます。65歳に留まる国は日本，オランダ，スウェーデン，フィンランドなどです。

次に，男性の2010年時点における年金の支給開始年齢から平均寿命までの年数を比較してみましょう。［図4-5］で示した国の中でもっとも長いのはイタリアの23.0年，次いでフランス21.8年，韓国

20.8年で,日本は19.7年で4番目に長い国となっています。反対に年数が短いのはノルウェー16.3年,デンマーク16.6年,アメリカ16.8年などです。

平均寿命が伸びれば年金の給付期間が長くなります。先進国の多くは平均寿命が年々伸びており,そのための対応を迫られています。平均寿命が伸びた場合に給付額を調整する仕組みを取れ入れている国としては,日本,カナダ,フィンランド,ドイツ,ポルトガルがあります。

年金保険料率の比較

次に,各国の公的年金のうち強制加入となっている制度の保険料率を比較してみましょう。[図4-6]は比較可能なOECD諸国16ヶ国について2009年時点の保険料率を示したものです。もっとも高いのはイタリアで32.7%,次いでチリ29.8%,スペイン28.3%などです。反対に低いのは韓国9.0%,スイス9.8%,カナダ9.9%などです。日本は15.4%で,比較的低い水準となっています。この図にない国は,イギリスやノルウェーなど他の社会保険とあわせて保険料を徴収している場合やオーストラリアなどのように確定拠出型のみで保険料率の設定がない場合などです。保険料率ひとつとってみても,国ごとの制度の違いによって比較が難しいことがわかります。

公的年金制度の構造

前節では主要な国の公的年金制度の概要を見てきました。多様な制度があり,分類することは容易ではありません。ここでは,OECDの"Pensions at a Glance 2011"を参考に,所得・資産調

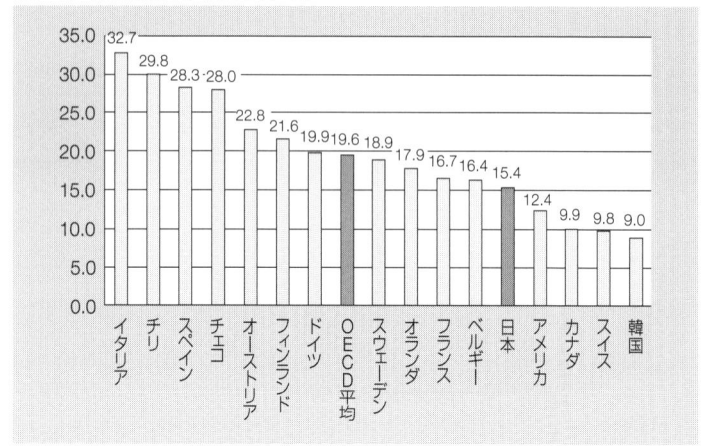

［図4-6］年金保険料率（2009年，％）

出所：OECD "Pensions at a Glance 2011"

査による給付削減，基礎年金，最低保障年金のそれぞれが制度としてあるかどうかについて整理します。また，多くの国では公的年金は確定給付（給付額が現役時代の所得や保険料納付期間などで決まる方式）によって運営されていますが，それ以外の方式で運営されている国などを示しておきます。

1 所得・資産調査

カナダのクローバック制度のように，年金の受給に関して所得・資産調査を行い，高所得等の受給者に対しては年金の減額を行う仕組みがあります。こうした仕組みを持っている国としては，カナダ，オーストラリアの他，ベルギー，デンマーク，ドイツ，イタリア，韓国，

スイス,イギリスなどです。日本ではこうした仕組みの必要性が主張されていますが,しかし所得・資産調査そのものが難しく,導入には課題があります。

2 基礎年金

基礎年金は現役時代の所得とはリンクせず,一定額の年金(就業期間や保険料納付期間による差はあります)を給付する仕組みをいいます。日本では国民年金がこれに相当します。基礎年金の制度を持っている国としては,カナダ,デンマーク,アイルランド,韓国,オランダ,ニュージーランド,イギリス,それに日本などです。アメリカやフランス,イタリアなどは所得比例年金のみで基礎年金制度を持っていません。

3 最低保障年金

所得比例年金などでは現役時代の所得が低い場合,低年金に陥ることが少なくありません。そこで国庫負担などで最低生活水準を維持するための補完的な年金(生活保障)を仕組みとして持っている国があります。こうした国としては,ベルギー,フィンランド,フランス,ノルウェー,スウェーデン,スペイン,イギリスなどです。

4 給付額の決定方式

OECDでは年金の給付額を①確定給付型,②確定拠出型(いわゆる積立方式で個人口座に保険料を貯蓄して運用する方式),③概念上の確定拠出型(スウェーデンの年金制度にある方式),④ポイント方式(就業者は毎年の保険料で老後の年金給付のためのポイントを購入する方式。確定給付に近いが,現役時代の所得水準には依存せず,いくらポイントを貯めるかは個人の選択により,ポイントが高いほど高い給付額が得られる)の四つに分けています。

OECD諸国をこの四つの区分に分類すると，確定給付型はオーストリア，ベルギー，カナダ，フィンランド，フランス，日本，韓国，スペイン，スイス，アメリカ，イギリスなどです。確定拠出型はオーストラリア，チリ，デンマーク，メキシコ，ノルウェー，スウェーデンなどにあります。ノルウェーとスウェーデンは概念上の確定拠出型との併用です。概念上の確定拠出型はこのスウェーデンとノルウェー以外に，イタリア，ポーランドで採用されています。ポイント方式はフランス（確定給付型と併用），ドイツなどで採用されています。

● 公的年金の基礎年金度

　公的年金の構造は「完全な基礎年金方式」（現役時の所得とまったくリンクしない定額給付で，所得の上昇とともに所得代替率は低下します）を一つの極とし，「完全な保険方式」（現役時の所得と完全にリンクする所得比例給付で所得代替率は一定になります）をもう一方の極として評価することができます。確定拠出型はこの完全な保険方式に含まれるものとして，各国の年金制度の基礎年金度をOECDが測定した結果が［図4-7］です。指標は「完全な基礎年金方式」の場合は100，反対に「完全な保険方式」の場合は0となっています。

　この図から，アイルランド，カナダ，イギリスは基礎年金度の程度が高い一方，イタリア，オランダ，ポルトガルなどは保険方式の性格が強いようです（スウェーデンの値はマイナスになっていますが，これは低所得および高所得者の所得代替率が平均的な所得者の所得代替率よりもいずれも高いという例外的なケースです）。日本はちょうど真中あたりに位置しており，基礎年金と保険方式の中間的な性格を持つ制度であると考えられます。

[図4-7] 各国の基礎年金度

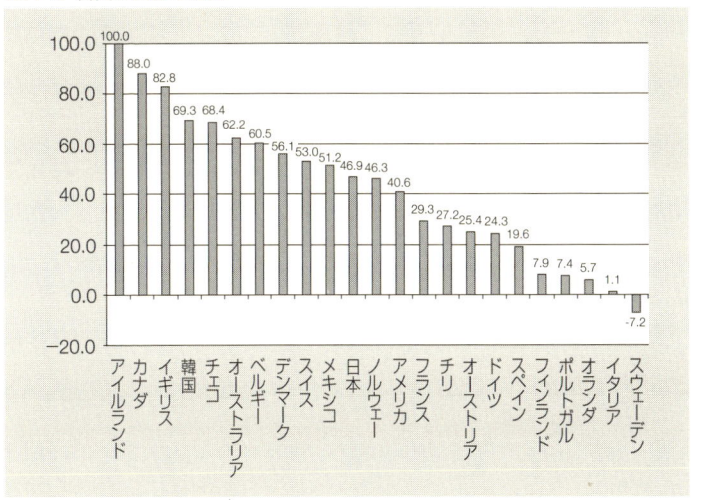

アイルランド 100.0
カナダ 88.0
イギリス 82.8
韓国 69.3
チェコ 68.4
オーストラリア 62.2
ベルギー 60.5
デンマーク 56.1
スイス 53.0
メキシコ 51.2
日本 46.9
ノルウェー 46.3
アメリカ 40.6
フランス 29.3
チリ 27.2
オーストリア 25.4
ドイツ 24.3
スペイン 19.6
フィンランド 7.9
ポルトガル 7.4
オランダ 5.7
イタリア 1.1
スウェーデン -7.2

出所：OECD "Pensions at a Glance 2011"

4　年金制度改革の動向

　年金制度の必要性は改めて強調するまでもありません。しかし，高齢化によって年金を支える財政が厳しくなるとともに，少子化によって年金の支え手の負担も重くなってきました。こうした状況は多くの先進国で共通しています。ここでは世界の年金改革の潮流と日本の年金制度改革の現状についてまとめます。

第4章　公的年金制度　149

●──年金改革の必要性と世界銀行の提案

 日本を含む多くの国では年金制度は賦課方式で運営されています。そのため高齢化が進むほど年金給付額は膨らみ、これをまかなうためには現役世代の負担を高めていく必要があります。また、年金財政を維持するために次第に年金給付額を引き下げることも必要ですが、そうなると現役世代が将来受け取る年金給付額も減少し、高齢世代と比べ世代間で不公平が生まれるという不満もあります。

 経済が高い成長を続け、賃金が年々上昇するという経済であれば、年金財政にもいい影響を与え、少子高齢化による悪影響を少なからず緩和できるかもしれませんが、残念ながら高成長を期待することも現実的ではありません。

 一方、世界銀行は1994年に、発展途上国を含め多くの国で年金制度の再構築が必要だとするレポート("Averting the Old-Age Crisis")を公表しました。主旨は発展途上国においては貧困な高齢者を支援するための仕組みが不足しているということ、また先進国を含め年金を確定拠出型とすることで国内貯蓄を増やし、これを経済成長につなげるというものでした。そのため、世界銀行は3階建てからなる年金制度のモデルを提案しました。

 世界銀行のモデルの1階部分は政府が管理する賦課方式による基礎年金であり、これによって最低限の生活保障を行うことができるというものです。注目すべきは2階部分であり、これは民間が主体になった完全積立方式を提唱しました。その背景には、①賦課方式の年金制度ではいずれ少子高齢化による財政逼迫が生じること、②賦課方式では拠出と給付の関係性が弱く、若い世代に対し

て拠出回避や労働供給に対する負のインセンティブを与えるということ，③積立によって資本蓄積を増やすことが可能なこと，などでした。なお，3階部分は任意の個人貯蓄となっています。

　世界銀行のこの提案は大きな論争をもたらしました。賦課方式，日本で言えば先述した「年金の世代間扶養」，いわば相互扶助の考え方から逸脱するとともに，年金制度を経済成長のツールとして利用することに対して多くの批判が起こりました。しかしながら，世界銀行の提案は，同時に多くの国で年金制度改革の必要性を認識させるとともに，例えばスウェーデンにおける「概念上の拠出建て賦課方式」などを生み出したことも事実です。日本においても八田・小口（1999）などによって積立制への移行に関する議論が湧き上がりました。

●───年金改革の分類

　1990年代後半以降，年金改革の議論が活発化し，多くの国で年金制度改革が行われました。マクロ的な視点から制度改革を評価すると，マイナー改革とメジャー改革に分類することができそうです（内閣府（2002））。

　マイナー改革は，現状の賦課方式を維持しつつ制度の根本を変えない調整的な改革を指します。パラメータ改革ともいい，受給資格の変更（支給開始年齢の引上げ，拠出期間の延長など），拠出構造の変更（保険料率や標準報酬の上限引上げによる保険料の増収，対象者の拡大など），受給構造の変更（年金額算定方式や物価スライドなどの変更に伴う受給額の引下げなど）に分類されます。

　マイナー改革の代表的な例がドイツにおける年金制度改革でしょ

う。ドイツでは賦課方式を維持しつつ，保険料率引上げなどのマイナー改革を進めてきました。また，2001年の改革では，2030年には26％にまで上昇すると予測されていた保険料率を22％以内に収めるため，給付水準の引下げを行いました。給付水準の引下げを補う措置として導入したのが，すでに述べたリースター年金でした。マイナー改革と言いつつ，公的年金がこれまで果たしてきた役割の一部を民間に委ねるということにもなったのです。なお，2001年のドイツの年金改革は2004年度の日本の年金制度改革に大きな影響を与えています。

　マイナー改革の長所は，メジャー改革に比べ大幅な制度変更を伴わないという意味でコストがかからず，また政治的な妥協も比較的容易であることにあると言えるでしょう。しかし短所としては改革が一時しのぎになりやすいことや長期的な安定性が伴わないことなどがあげられます。

　メジャー改革は賦課方式そのものを変更する抜本的な改革です。メジャー改革に相当するものとしては確定拠出方式（積立方式）への移行と，概念上の拠出建て賦課方式の採用の二つがあります。このうち確定拠出方式への移行を行ったのは，チリなどの南米諸国を除くとオーストラリア，ハンガリー，メキシコなどがあります。オーストラリアでは1992年改革によって強制貯蓄による積立方式（雇い主が積み立てて民間が運用）が公的年金の中核となりました。

　概念上の拠出建て賦課方式は，スウェーデンの年金制度の説明でも紹介しましたが，賦課方式を維持しつつも，本人の負担額と給付額を対応させる仕組みを導入して，将来の給付額は本人の負担額と平均余命の伸びなどで決まるというものです。日本でも概念

上の拠出建て賦課方式に対する関心は高いのですが、制度変更に至る障害はあまりに大きそうです。

● ─── **日本の年金制度改革**

　1985年の年金制度改正により現在の年金制度の体系がはじまって以来、1989、94、99年度にマイナー改革が行われてきました。1989年度の改革では①完全自動物価スライド制の適用、②20歳以上の学生の強制加入、③保険料率の引上げなどが行われ、1994年度改革では①老齢厚生年金（特別支給部分）の支給開始年齢の引上げ、②ボーナス等からの保険料の徴収などが、また1999年度改革では①老齢厚生年金（報酬比例部分）の支給開始年齢の引上げ、②賃金スライドの停止、③標準報酬の改定、④総報酬制の適用（ボーナスからも月収と同様に徴収）などが決まりました。

　少子高齢化の進展と年金財政の逼迫に対応するにはこうした改革では十分ではなく、2004年度に大規模な年金制度改革が行われました。保険料率を高齢化に適用するように引き上げると際限のないものになってしまうことや、年金財政を維持可能なものとするために、実質的に給付水準の引下げを含む内容でした。具体的には、①100年間を通じて給付と負担を均衡させる有限均衡方式の採用（積立金の取崩しを含む）、②保険料率の引上げと上限（18.3％）の設定、③マクロ経済スライドの導入による給付水準の引下げ、④基礎年金の国庫負担率の引上げ（1/3から1/2へ）などがその内容でした。同時に5年ごとに財政検証を行い、有限均衡方式による財政運営の適正さを確認することになりました。この改革は自民党と公明党による連立政権によって進められました。

制度改革の柱の一つとして、基礎年金の国庫負担が2009年度から1/2に引き上げられましたが、しかしそのための財源がありませんでした。当初は消費税率の引上げで対応するという目算だったのですが、これは2013年度の社会保障と税の一体改革が決まるまで、いわゆる霞が関の埋蔵金などで対応してきました。消費税率引上げによって、ようやく安定的な財源を得たことになります。

　その後、現在に至るまで、年金制度は2004年度改革をもとに運営されてきました。その後、2009年の総選挙で民主党が政権を握ると、民主党独自の年金制度改革案が示されました。その特徴は制度を統一したうえで所得比例年金を柱に、これに最低保障年金を付加するというものです。その後、自公政権が復活すると、この民主党の改革案が議論される機会は減りました。

日本の年金制度の課題

　2004年度の年金制度改革で課題が解決したわけではありません。そもそも2004年度改革の中には実行されていない項目もあります。その一つがマクロ経済スライドです。マクロ経済スライドは平均寿命の伸長や被保険者数の減少を考慮して、年金額の改定を物価上昇率から一定率差し引くというもので、結果的に給付水準の引下げとなります。当初の予定では2007年度から実施される予定でしたが、物価スライドの特例措置（消費者物価上昇率がマイナスでも年金額の改定を行わない措置）が終了していない、およびデフレ下ではマクロ経済スライドは適用されない、という規定からいまだ実施されていません。長期的な財政運営の見通しはこのマクロ経済スライドの適用による給付水準引下げを前提としていますから、早急な適

用が欠かせません。

　社会保障と税の一体改革ではあまり年金制度の抜本的な見直しには踏み込んでいませんでした。日本のようにもっとも平均寿命が長く，かつ高齢化比率も高い国で65歳からの支給開始年齢を維持することには限界があるでしょう。すでに見たように，諸外国では多くの国で年金の支給開始年齢の引上げを決めています。この点についても早急に検討が必要ではないでしょうか。

　年金財源が逼迫している中，果たして高所得・高資産を持つ高齢者にも年金給付を行う必要があるのでしょうか。カナダのクローバック制のように，基礎年金部分の給付に所得調査等を適用している国は多くあります。日本では，基礎年金部分を社会保険方式でまかなっていること（保険料の対価として給付があること）や所得等の把握が十分でないことなどから導入が難しいとされていますが，これについても検討すべき課題でしょう。

　そもそも基礎年金部分を租税（消費税）ですべてまかなうことになれば，クローバック制の採用のみならず国民年金の未納問題もなくなるはずです。最初に述べたモラル・ハザードの防止にもなります。

　日本の年金制度はこの他にも課題が山積しています。諸外国の制度や改革を参考に，持続可能な制度となるような制度改革をさらに進めていくことが必要です。

第5章
医療供給と医療保険制度

日本に住む私たちは，どの医療機関でも自由に選択できますし，支払う費用の大部分は公的な医療保険でカバーされています。しかし他の国では，選択できる医療機関が限定されていたり，そもそも最初から大きな病院を訪れることができない仕組みであったりします。また医療保険ではなく，政府が医療を直接供給して，患者の費用負担を軽くしている国もあります。国によって医療を供給する仕組みは大きく異なります。こうした制度の違いを見ながら，どのような制度が好ましいか，考えてみたいと思います。

　近年，日本の医療費は増加を続けています。2011年度の国民医療費は38.6兆円と過去最高となりました。その背景には高齢化の進展といったこともありますが，医療技術の進歩などの影響も大きいと言われています。医療費の増加はその負担のあり方をめぐる議論につながりますが，それだけではなく上で述べた医療供給の仕組みとも密接に関連しています。例えば患者が選択できる医療機関を制限すれば医療費は抑制できますが，患者の利便性は低下するでしょう。こうしたトレードオフの関係を意識しながら，この章では医療供給と医療保険について考えていきたいと思います。

　最初に，医療サービスの特性を整理します。医療サービスの供給は他の財・サービス供給とどう異なるのか，なぜ政府が医療サービス供給に関与しなければならないのか，などの点を明らかにします。これについて第2節では各国の医療制度についてその概要を紹介します。第3節では，先進諸国を中心に，医療費の規模や医療施設，また医療保険等に関する国際比較を行います。こうした国際比較を踏まえ，日本における医療制度改革の課題等を取り上げます。最後の付録では介護サービス・保険を取り上げます。

介護については本来であれば一つの章を当てるべきですが、日本とドイツを中心にその制度の概要を紹介します。

1　医療サービスの特性と医療供給

　医療サービスの供給に政府はなぜ関与しなければならないのでしょうか。医療供給は民間だけで運営することはできないのでしょうか。こうした点を解明するには、医療サービスが持つ特性を明らかにする必要があります。医療供給制度や公的な医療保険が必要な理由をこの節で示したいと思います。

● 医療サービスの需要

　通常の財・サービスを購入・利用する場合は、事前にこれを計画することができます。ヘアーカットにしても洋服を購入するにしても、そのタイミングは需要者の都合で決めることが可能です。しかしながら医療サービスの需要の発生は不確実で不規則、予測不能です。急な発熱や怪我で医療機関にかかる際、発熱や怪我は予測することはできません。規則的に病気になるわけでもありません。加えて、医療サービス需要の消滅も予測できません。いつ病気が治るか、あるいは最悪の場合は死亡ということもあるかもしれませんが、どれだけの量の医療サービス需要を購入するかということもわかりません。

　このように医療サービスには他の財・サービスにない特性があるのですが、それ以上に医療サービス需要が発生した場合にはその

購入が不可避という点があります。ヘアーカットや洋服であれば購入を我慢することもできます。しかし突然の怪我や重大な病気であれば医療サービスを受けないわけにはいきません。したがって，所得や価格によって消費者が購入時期や購入量を自ら決めるという意味での消費者主権は，医療サービスの購入では成り立たない場合があるのです。反対に，医師などの診断によって購入する医療サービスの量が決められるということになります。

さらに医療サービスの特性として，どのような医療サービスを購入すればいいかを消費者は知らないということもあります。医師は専門家として医療に関する知識を持っていますが，患者は多くの場合こうした知識に欠けていて，どのような診療を受ければいいのか，あるいはどのような薬を飲めばいいのか知りません。すなわち，医療サービスの需要側と供給側には情報の非対称性が存在するのです。

このように医療サービスはきわめて特別な性質を持っています。たとえ高齢や失業などの理由で十分な所得がなくても医療サービスの購入は不可避ですし，病気や怪我になれば仕事を続けられなくなるなど所得が減少する可能性も高いでしょう。そうなると，医療サービスを民間にまかせてしまうと，医療サービスを受けたくても受けられない，あるいは十分な診療を受けられない人も出てくることになりかねません。そのために，政府が医療サービス供給に関与する必要性が生じるのです。

●───医療サービスの供給

医療サービスを供給する側にも他の財・サービスにない条件が

必要です。診療や看護，調剤その他医療サービスに関連する事柄は専門的な知識を必要とします。医師になるには長期間の学習や研修，経験などが必要で，その専門的な知識は簡単に習得できるものではありません。人の命に関わるものですから，医療サービスは専門知識に基づき適切に供給されなければならないのです。また，医師や看護師など医療サービスに従事する者についても，その資格を有しているという客観的な指標も必要です。需要者（患者）が安心して医療機関，医師などを選択できるように，専門的な知識など質的な水準が確保されているというシグナルを需要側に示さなければなりません。日本では医師になるには国家試験に合格する必要がありますが，これは専門的な知識を持っているというシグナルを公的に保証しているということになります。

　また，利潤目的のみで医療サービスを供給することにも問題があります。もちろん医療機関にとって必要な費用をまかなう必要はありますが，利潤追求を第一に考えると粗医療や手抜き診療を招きかねません。医療機関を運営するうえでは赤字になる場合もあるかもしれませんが，必要な医療サービスをどうしても供給しなければならないこともあるでしょう。したがって，一般の民間企業のような行動原理だけで行動するわけにはいきませんし，その反対に医療機関が赤字を出しても存続できるような仕組みも必要となります。

● **医療における情報の非対称性**

　すでに述べてきたように，医療サービスの需要と供給には特殊な性質があるため，市場での自由な取引だけに任せるわけにはいきません。医療における情報の非対称性もその特殊な性質の一つで

したが，ここではこの問題をさらに取り上げてみたいと思います。

　患者が病気にかかったとき，まずは二種類の情報を必要としますが，いずれも患者にとっては不足している情報です。一つは患者がどのような病気に直面しているかという情報です。多くの場合，熱がある，お腹が痛いといった症状から病気を類推しますが，専門知識を持たない患者にとってはまさに不確実な診断にしかなりません。もう一つはどの医療機関を選択すべきか，という意味での情報の欠如です。かかりつけの医者に行くべきか，それとも専門医に診てもらうべきか，専門医ならどこの病院に行くか，などの問題に直面します。

　こうした情報を持たない患者に対して，医療機関や医師などはどのように対応すべきでしょうか。以前は，情報を持つ医師が情報を持たない患者に対して診療を施す，あるいは病気を直してあげる，といった対応，パターナリズム的な対応をしていました。まさに医師の権威が大きい，ということだったのです。最近では医師と患者はプリンシパル－エージェント関係にあるという考え方も生まれています。患者は医師と「依頼人と代理人の関係」を結び，代理人である医師は情報を持たない患者のためにできるかぎりのことをして，患者の効用を最大化するように行動する，というものです。ただし，医師もコストを無視して患者のために奉仕するわけにもいきませんから，経営上の問題も考慮する必要があります。その他にも，患者にも治療法などの選択肢を説明して情報ギャップを埋めるという意味でのインフォームド・コンセントなども最近では多く見られるようになりました。

　情報の非対称性の問題は複雑です。なかなか医師と患者の間

の最適な関係を見出すことは難しいようです。経済学の基本的な見方を持ち出すと，情報の非対称性を持つ財・サービスの市場ではその取引量が最適な水準以下になってしまいます。したがって，ここにも政府が関与する可能性があるのです。

●───医療供給と政府の関与

ここまで述べたように，医療サービスには他の財・サービスにない性質があるため，民間に委ねる必要があります。所得の多寡に関わらず必要な時に必要な医療サービスを需要できるには，医療サービスの価格を抑える必要があります。その場合，二つの手段があります。一つは政府が直接，医療サービスを供給するというものです。後述するイギリスの国民健康サービスという制度がその代表例でしょう。もう一つは医療保険を活用するということです。ただし，民間の医療保険であると，リスクに応じた保険料を負担できない低所得層，特に稼得能力の低い人々（老人，乳幼児やその若年扶養者等）は保険に加入できないということもありますから，ここでは公的な医療保険を活用するということになります。日本やドイツ，フランスなど多くの国ではこの公的医療保険が準備されています。

需要側のみならず供給側からも政府が関与する必要性はあります。日本では医療機関は民間が中心になって運営されています。この場合，専門知識を持つ医師がいるのか，医療機関の運営や保険の取り扱いは適切か，などといった審査監督を行う公的機関（社会保険診療報酬支払基金や厚生労働省の指導医療官など）が必要になるでしょう。また，医師等の質的水準の確保には国家試験による医師の免許制度なども必要です（一方で，医療供給の参入障壁となって

いるという議論もありますが)。

　以上の点から，各国では医療供給に関しては公的機関が関与し，また公的な医療保険制度を備えています。もちろん例外もあります。その代表例はアメリカでしょう。アメリカでは民間の医療保険が中心で，低所得層や高齢層向けに一部政府が支援を行っていただけでした。しかしそのため医療サービスを受けたくても受けられない無保険者も多く存在していました。現在のオバマ大統領がこうした医療制度改革(いわゆるオバマケア)に着手しましたが，改革の動向は依然，不透明なままのようです。アメリカの例は別にして，一般には，政府が医療供給や医療保険に関して重要なプレーヤーとなっています。しかし医療供給や公的医療保険制度は国によって大きく異なっています。

2　　各国の医療供給・公的医療保険制度

　ここでは，国ごとに大きく異なる，医療供給・公的医療保険制度についてその概要を紹介します。最初に日本の医療供給・医療保険制度を取り上げます。医療機関の動向や医師数の推移，あるいは医療保険とこれを補完するいくつかの制度についてまとめます。次いでヨーロッパ諸国やアメリカなど先進国の動向を概観します。近年，注目される医療制度改革を実施したドイツやオランダの制度は日本の医療制度改革にも参考になると思います。最後にアジア諸国についても触れたいと思います。

日本の医療供給・医療保険制度

[図5-1]は日本の医療制度の概要を示したものです。図からわかるように日本の医療制度は医療供給体制と医療保険制度から構成されます。

医療サービスを供給する体制を医療供給体制といいます。日本では医療供給体制は医療法によって定められています。医療法は，病院・診療所・助産所の開設および管理，都道府県が定める医療計画（病床数などの計画）などを定める医療制度の基本法です。また，医療に従事する医師は医師法で，看護師などについては保健師助産師看護師法によってその資格等が厳密に定められています。このように，日本の医療供給は公的な管理監督のもとに行われています。但し，留意しなければならない点は，実際に医療供給を行っている病院や診療所の多くは民間が経営しているという点です。2012年度の厚生労働省「医療施設調査」によると，国や公的医療機関（都道府県，市町村あるいは日本赤十字社などが設置している医療機関）が設置する病院数は1,526で病院全体の17.8％にすぎません。

ここで医療機関の動向を簡潔に示しておきたいと思います。医療機関は病院，一般診療所，歯科診療所の三つの種類に分けられます。病院とは20床以上の入院設備を持つ医療機関であり，歯科診療所を除くそれ以外の医療機関を一般診療所と呼んでいます。日本全体の医療機関の総数は2012年で177,191施設で，これはおよそ20年前の1990年の143,164施設と比べ増加しています。しかしその内訳を見ると，一般診療所は1990年の80,852施設から2012年では100,152施設に増加している一方，病院は同じ期間に

[図5-1] 日本の医療制度の概要

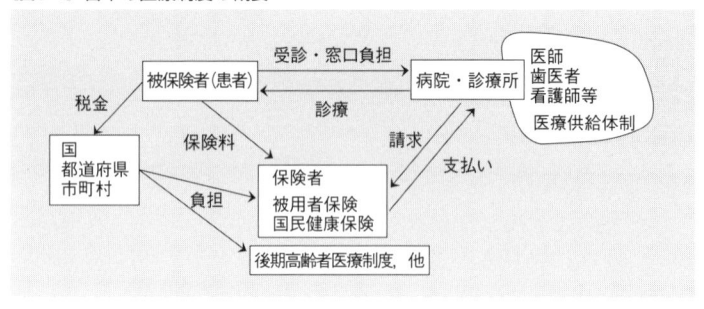

10,096施設から8,565施設に減少しています。

近年、医師不足が社会的に問題となっていますが、厚生労働省「医師・歯科医師・薬剤師調査」によると2012年の医師数は303,268人で、1990年の211,797人と比べると1.4倍以上の増加となっています。一見すると医師数は充足しているようですが、診療科別に見ると産婦人科などのなり手が減少していたり、地方都市では医師不足が続いていたりと、診療科別・地域別のミスマッチが大きいということです。

すでに述べたように、日本では民間が医療供給体制の主たる担い手です。したがって、誰もが医療サービスにアクセスできるための仕組みは、公的な医療保険が中心的な役割を担っています。そのため、公的医療保険制度の仕組みを理解しておくことが重要です。

日本の公的医療保険制度は被用者保険と国民健康保険の二つに大別されます。被用者保険は民間サラリーマンが加入する全国

健康保険協会管掌健康保険（協会けんぽ）と組合管掌健康保険（組合健康保険）の二つがあり，また公務員は共済組合に加入しています。このうち組合健康保険は従業員700人以上など概ね大企業のサラリーマンが加入しており，協会けんぽは中小企業のサラリーマンが中心に加入しています。一方，国民健康保険に加入するのは自営業者や農林水産業などの従事者，非正規就業者などです。また，被用者保険に加入していた人も定年などで職場を離れると国民健康保険に移ることになります。

　日本では国民皆保険とされていて，すべての国民はいずれかの保険に加入することになっています。しかしいくつかの例外もあり，75歳以上の高齢者の場合は後期高齢者医療制度という別の保険の枠組みに組み込まれます。その他，生活保護を受けている人の中で医療扶助の受給者も例外です。しかしこうした例外を含めるとほぼすべての人が何らかの公的な医療制度に加入しています。これは公的な医療保険制度を社会保険として運営している国の中ではあまり例のないものです。

　保険料の負担については保険制度によって多少差がありますので，協会けんぽの例で見ておきましょう。協会けんぽの保険料率は2013年度で全国平均10.00％でした（保険料率は都道府県ごとに異なります）。この保険料率を事業主と被保険者が半額ずつ負担することとなっています。

　公的医療保険制度に加入している患者は，医療機関に行くと窓口負担としてかかった費用のうち3割（義務教育就学前の子どもは2割など例外があります）を支払います。すなわち医療費の7割は保険給付でまかなわれるということです。この7割の部分は現金で支払われ

るわけではありませんから,現物給付ということになります。なお,後期高齢者医療制度に加入している75歳以上の場合は,現役並みの所得を持たない人の窓口負担は1割となっています。保険給付はこれだけではなく,高額療養費制度という仕組みもあります。これは高度医療などによって自己負担額が高くなった場合,その限度額を定めてそれ以上の負担を抑えるという仕組みです。

最後に,日本の医療費の動向を見ておきたいと思います。医療費の総額は厚生労働省が国民医療費として集計し公表しています。2011年度の国民医療費は38兆5,850億円でした。これは人口1人当たり30万1,900円になる計算です。1990年度の国民医療費は20兆6,074億円,また2000年度の国民医療費は30兆1,418億円でしたので,ほぼ10年間で10兆円増加している計算です。ここ数年は毎年3%以上の増加率を示していますので,医療費の増加の抑制が今後の課題となっています。

● ── イギリスのNHS

イギリスにおける医療サービスは,1948年に創設されたNHS (National Health Service, 国民保健サービス) が主たる役割を担っています。NHSは医療サービスを,租税を財源として原則無料で提供しています([図5-2]参照)。なお,NHSの対象者は,税の支払いや国籍とは無関係に,外国人を含めイギリスに6ヶ月以上滞在する者となっています。

一次医療(プライマリー・ケア)は,一般家庭医(General Practitioner, GP)が担当します。一般家庭医は,現在は公務員ではありませんが,NHSが設立された当初は国家公務員という位置づけでした。

[図5-2] イギリスのNHSの仕組み

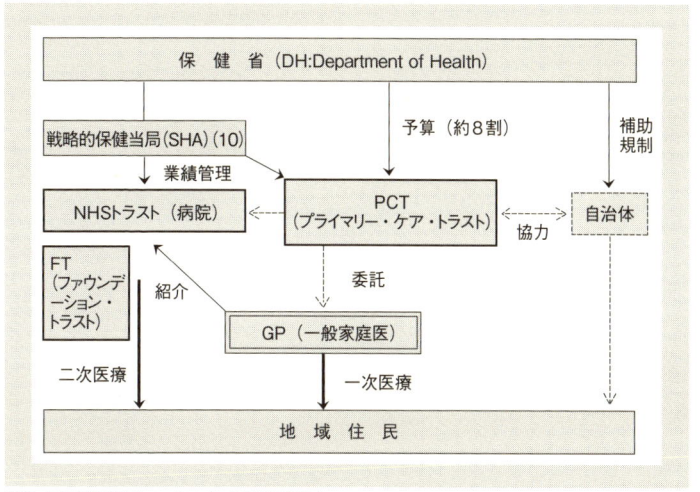

```
保健省（DH:Department of Health）
├─ 戦略的保健当局（SHA）(10) ─業績管理→ NHSトラスト（病院）
├─ 予算（約8割）→ PCT（プライマリー・ケア・トラスト）←協力→ 自治体
└─ 補助規制 → 自治体
    FT（ファウンデーション・トラスト）─紹介→
    PCT ─委託→ GP（一般家庭医）
    二次医療 / 一次医療 → 地域住民
```

出所：厚生労働省「2011〜2012年 海外情勢報告」

地域の住民は自分の判断で一般家庭医に登録し，病気になったときはまず一般家庭医を受診します。一般家庭医の役割は初期医療，そしてその後の二次医療につなげる役割を持つため，ゲートキーパーとも呼ばれます。

地域における医療サービスの運営主体はプライマリー・ケア・トラスト（Primary Care Trust, PCT）という公営企業体です。プライマリー・ケア・トラストはNHSトラストと呼ばれる複数の病院を傘下に持ちます。また，プライマリー・ケア・トラストは一般家庭医に一次医療を委託し，一般家庭医はプライマリー・ケア・トラストから報酬を得ます。プライマリー・ケア・トラストの財源は保健省の予算によるものです。

なお，2004年からはプライマリー・ケア・トラストに代わり，地域住民等により選出された役員会が運営するファウンデーション・トラスト（Foundation Trust, FT）が認められ，ファウンデーション・トラストも病院を設置しています。

二次医療はNHSトラストとファウンデーション・トラストが担い，病院サービス（手術・入院等）を提供します。この二次医療は救急の場合を除き，あらかじめ登録してある一般家庭医の診察を受けたうえで，その一般家庭医の紹介で病院（専門医）の受診が受けられることになっています。

イギリスにおける医療サービスはNHSがそのほぼ9割を占めていますが，NHSの提供するサービスには一定の範囲があり，それを越えた医療を受けるための私的保険による医療やプライベートな医療も行われており，全体の1割程度を占めています。

長い間，イギリスの医療サービスの屋台骨を支えてきたNHSですが，医療費の増加やNHSの官僚主義的な体質が問題となり，その改革が進められています。2012年にはキャメロン政権がNHSの自由化に関する報告書を公表し，NHSの改革が進められようとしています。その目的は患者中心のNHSの構築であり，地方自治と自由裁量の導入です。そのため，プライマリー・ケア・トラストを廃止し，予算管理の権限と責任をGPなどにより構成されるCCGs（Clinical Commissioning Groups）を創設するとともに，すべての病院等はFTに移行し，また民間企業の参入を促進することとしています。

● ─── フランスの医療保険制度

フランスの社会保障制度は職域（職業）によって多数に分立する

制度が疾病保険（医療）や老齢保険（年金）などを管理・運営しています。こうした分立した制度の中でもっとも加入者が多いものが，民間の給与所得者を対象とする一般制度です。以下では，一般制度が運営する疾病保険について紹介します。

一般制度にある疾病保険は全国被用者疾病保険金庫（CNAMTS）が管理運営していて，国民の80％が加入しています。日本の国民健康保険のような制度がフランスにはないので，一般制度に加入している給与所得者は退職後も加入し続けることになります。疾病保険の主たる財源は保険料と国からの補助ですが，保険料は所得に対して被用者が0.75％，使用者が13.1％の保険料を負担することになっています。

疾病保険からの給付は償還払いが基本です。これは患者が医療サービスを受けた場合，医療機関の窓口で全額を立て替え払いし，その後領収書などを全国被用者疾病保険金庫に提出して一定率の償還を受ける仕組みです。償還率は外来の場合は70％（通常の医薬品は65％）が原則ですので，日本と同じ3割負担と言っていいでしょう。この他，償還払いの対象とならない定額の負担金（外来では1回に月1ユーロ）もあります（こうした定額負担は日本でも議論されたことがあります）。なお，入院等の場合には償還払いではなく現物給付となり，給付額は直接医療機関へ支払われます。

● ─── **スウェーデンの医療供給制度**

スウェーデンの行政区域は国，日本の都道府県に相当するランスティング，市町村に相当するコミューンによって構成されていますが，医療サービスはランスティングによって提供されています。ラン

スティングが医療機関を設置し，医師や看護師はランスティングの職員（公務員）です。主たる財源はランスティングの税収と患者の一部負担です。

医療機関は階層構造になっています。プライマリー・ケアを担当するのが地域医療センターで，その上にランスティング内の行政地区を指すレーンをカバーするレーン病院，あるいは複数のレーンを担当するレーン地区病院があります。さらに高度先進医療を担う圏域病院（大学病院）が全国に9つあります。

患者の自己負担は全国的な上限額の範囲でランスティングごとに設定しています。地域医療センターにおける外来診療の場合は1回当たり100〜200クローナですが，年間の自己負担の総額の上限も定まっており1年間では1,100クローナとなっています（2012年）。ただし，各ランスティングはこれより低い額を定めてもいいことになっていて，また18〜20歳までは無料としているランスティングも多いようです。

●─── ドイツの医療制度

ドイツでは，一定の所得以下の被用者とその家族などは公的医療保険に，一定の所得を超える被用者や自営業者は公的医療保険もしくは民間医療保険に加入することが義務付けられています。公的医療保険の保険者は疾病金庫と呼ばれ，2012年現在，145の疾病金庫があります。疾病金庫は日本でいう健康保険組合に相当するもので，国民の約85％が加入しています。保険料は年齢や性別に関係なく，収入の水準に応じて全国統一の水準で定められ，2012年では15.5％で，これを被用者が7.3％，雇用主が8.2％を

負担します。

　ドイツにおいても高齢化の進行や医療技術が進歩する中で、医療保険財政が逼迫してきました。しかし現在の水準以上の保険料率引き上げが難しいため、保険料率を維持し、かつ質の高い医療サービスを供給することが医療制度改革の目的となっています。

　コール政権時代の1996年、ドイツでは被保険者は加入する疾病金庫を自由に選択する権利が拡大しました。それ以前は、職業、勤務事業所、居住地域などに応じて所属する疾病金庫が決まっていました。これにより、各疾病金庫は被保険者獲得のための保険料率引き下げなどの競争がはじまったのですが、しかし疾病金庫間には被保険者の年齢構成、所得などのリスク構造が大きく異なるため、保険料率の格差がありました。健康な被保険者の加入が多い疾病金庫ほど保険料率が低く競争上有利になる反面、慢性病患者を加入させると給付費が増加するなど経営を圧迫します。公平な競争のためにはリスク構造調整が必要でした。

　こうした点を改善するため、2002年からは慢性病患者などへの給付についてリスク構造調整が考慮されるようになり、また2009年からは被保険者の疾病罹患状況なども考慮したリスク構造調整が行われるようになりました。具体的には、2009年からは「公的医療保険競争強化法」により、政府が決めた全国一律の「統一保険料率」が導入され（先の15.5％）、新設された公的機関である「医療基金」が保険料を集め、各疾病金庫に年齢、性別、健康リスクなどに応じて交付金を分配することとなったのです。

　このことにより、財政的に余裕のある疾病金庫は加入者に保険料を還付する一方、医療基金から配分される交付金で自らの支出

の95％までしかまかなえない疾病金庫は加入者から追加保険料を徴収することになりました。被保険者はこうした疾病金庫の条件に応じて疾病金庫を選択しなおすことになります。こうして，疾病金庫間の競争から保険料率の競争がなくなったのです。

ドイツの医療機関は診療所と病院に分かれ，このうち病院は市町村や州が運営する公立病院，財団や宗教団体などによって経営される公益病院および私立病院の3種類です。最近は，私立病院の数が急激に増える一方で，公立・公益病院の数は減少しているようです。

●──── オランダの医療制度

オランダの医療保険は公的医療保険と介護保険，それに民間の保険の3層構造（3コンパートメント）になっています。コンパートメント1（特別医療費保険）は長期の疾患をカバーする保険で，365日を超える診療・入院，ナーシング・ホームが対象となります。これは日本の介護保険に相当し，オランダ在住者は強制加入です。負担は所得比例の保険料で他の公的保険を含む国民保険料の一部として徴収されます。コンパートメント1の保険者は国ですが，事務は地域ごとのHealth Care Officeが事務代行を行います。Health Care Officeはコンパートメント2のCare insurer（民間の医療保険会社）が毎年入札して，落札したCare insurerが次に述べるコンパートメント2の供給の傍ら，コンパートメント1の事務代行を行っています。

コンパートメント2（短期医療保険）は短期の医療費をカバーする公的医療保険です。オランダでは，コンパートメント2にあたる短期の公的医療保険は2006年以降，Care insurerが保険者として提供

することになりました。なお，コンパートメント2に参入するCare insurerは全国展開が必要です。コンパートメント2の保険者は，加入を求めてきた者の保険加入を拒否できないことになっています。また，保険商品の内容の差別化は多少あるものの，同一商品については年齢，性別，身体状況などのリスク要因によって保険料を差別化できません。被保険者がどのCare insurerを選ぶかは，被保険者が居住する地域で営業しているCare insurerであれば，自由であり，毎年変更できます。

　なお，コンパートメント3は私的保険を意味し，公的保険でカバーされないサービスを対象としています。実際にはコンパートメント2の追加的保険としてCare insurerが販売しています。

　コンパートメント2の財政負担の仕組みを示したものが［図5-3］です。18歳以上の被保険者（消費者）は定額保険料を保険者に支払います。保険者によって定額保険料は異なりますが，被保険者のリスク要因（性別，年齢，雇用等）で差を設けてはいけないことになっています。また消費者は所得比例の保険料をリスク均等化基金と呼ばれる公的機関に支払います。リスク均等化基金には国も財政負担を行い，集まった資金をそれぞれのCare insurerに配分することになります。配分の仕方は過去の実績に基づいて決められる部分と保険加入者のリスクに応じて決められる部分からなります。資金配分を受けたCare insurerは，それでも財源が足りないと追加的な定額保険料を加入者に課すことになります。

　こうした仕組みの起源は1980年代後半の「デッカー・プラン」です。その主旨は保険者機能を核にした競争原理の導入でした。Care insurerは医師・医療機関等とサービス価格，サービスの質に

[図5-3] オランダの財政負担の仕組み

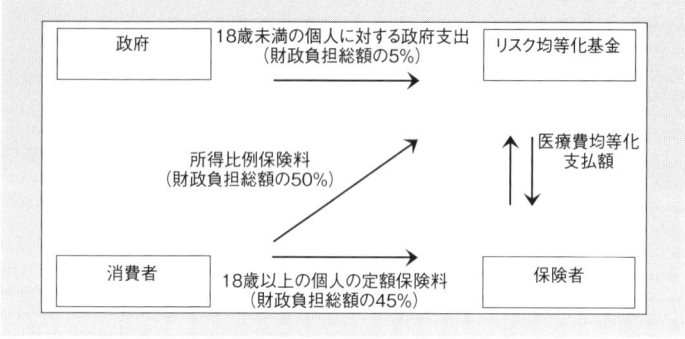

```
┌─────────┐  18歳未満の個人に対する政府支出   ┌──────────────┐
│  政府   │  （財政負担総額の5%）            │リスク均等化基金│
└─────────┘  ───────────────→             └──────────────┘
                                                  ↑↓ 医療費均等化
             所得比例保険料                           支払額
             （財政負担総額の50%）
                    ↗
┌─────────┐  18歳以上の個人の定額保険料      ┌──────────────┐
│ 消費者  │  （財政負担額の45%）             │   保険者    │
└─────────┘                                └──────────────┘
```

出所：リチャード・C・バン　クリーフ（2012）

ついて交渉・契約することができ，これによって効率的な経営を行うことができます。一方，Care insurerは被保険者から毎年1回選ばれるので，より良いサービス提供を行う努力をするインセンティブを持つことになります。同時に，保険会社同士の競争も生じます。一般には保険会社はクリーム・スキミング（リスクの小さな被保険者を選ぶ）選好が生じますが，上述した財政負担の方式を採用することで，これを回避する仕組みになっています。

なお，オランダでは一般家庭医（GP）制度を取っており，一般家庭医の紹介状がないと病院に行けません。その意味では一般家庭医はゲートキーパーの役割をしています。被保険者が利用できるのは，自らが登録している保険会社が契約している一般家庭医だけです。一般家庭医は保険者との契約に基づいて保険者から人頭払いなどで支払いを受け，病院の専門医は出来高払い方式で保

険者から支払いを受けます。

● ──── **アメリカの医療保障**

　今まで述べてきた国々と異なり，アメリカでは公的な医療制度は限定的なものでしかなく，民間の医療保険が医療保障の主たる役割を担っています。

　アメリカの公的医療制度はメディケイドとCHIP（Children's Health Insurance Program）およびメディケアに限られています。メディケイドは1965年に創設された州政府が運営する低所得者向け公的医療扶助です。CHIPはメディケイド対象外の低所得層の児童に対する医療保険です。また，メディケアは65歳以上の高齢者を対象とした医療保険でこれも1965年に創設されています。メディケアには入院サービス等を保障する強制加入の病院保険（メディケア・パートA）と外来等における医師の診療等を保障する任意加入の医療保険（メディケア・パートB）があり，パートAは現役労働者の社会保障税で，パートBは加入者の保険料（2012年では毎月99.9ドル）と政府補助で運営されています。

　上で述べたように，アメリカの医療保障は民間の医療保険が大きな役割を担っています。民間の医療保険には就業先の雇用主が提供する医療保険（団体保険）と個人が購入する医療保険がありますが，一般に保険料が高いので雇用主が提供する医療保険に加入している場合が一般的です。雇用側は被用者やその家族（さらに一部企業では退職者）に対して，フリンジ・ベネフィット（賃金・給与以外の付加給付）として医療保険を提供していますが，その目的としては優秀な労働者の採用・維持，健康維持による労働生産性向上など

があると言われています。

　民間の医療保険を受けられるのは正社員だけです。したがって，非正規雇用の就業者は対象外になります。自営業者なども含め，メディケイドなどの対象者以外では民間の医療保険に加入していない人口は4,800万人近くと相当数にのぼります。そのため，オバマ大統領は医療保険制度改革（いわゆるオバマケア）を推進しています。その内容は，国民に保険加入の義務を，また事業主には「Play or Pay（保険の提供か資金の拠出）」を義務付けるとともに，低所得で民間の医療保険に加入できなかった人には補助金を出すというものです。しかしその財政負担が膨大で共和党など保守層は医療保険制度改革に反対しているため，制度改革の行方は不透明な状況にあります。

　アメリカの民間医療保険は，保険者としての機能を超え，自らが医療サービスの供給者としての役割を担うこともあります。こうした動きをマネージドケアといいます。その代表がHMO（Health Maintenance Organization）です。HMOは，保険会社が直接医療サービスに関与し，病院経営や，一定地域内に病院・医師をグループ化・指定化するとともに，一定の範囲内での包括払いの医療サービス（Diagnosis Related Group, DRG）を提供する仕組みです。医療保険の加入者は契約時に選択した医師の合意がないと病院にかかることができないというアクセス制限があります。その代りに保険料は安く抑えることができます。

● ──── **アジア諸国の医療制度**

　次にアジア諸国（中国，韓国，シンガポールおよびタイ）の医療制度

の概要を紹介します。

中国では,医療保険制度が医療保障の中心ですが,都市部と農村部,職業などで異なる制度が多数分立しています。都市部における企業従事者とその退職者には都市従業者基本医療保険制度が,都市部の非就業者には都市住民基本医療保険制度が,公務員には公務員医療補助制度があり,また農村部の住民には農村合作医療制度が適用されますが,それぞれのカバー率には格差があります。

都市従業者基本医療保険制度は,個人口座に医療費支出に備えて保険金を積み立てる積立方式と基金に保険料を支払う社会保険方式の二本立てで運用されています。個人口座分には賃金の2%を従業者が,また基金分には賃金の6%を雇用主が支払うこととなっています。医療保険からの給付額は都市ごとに異なり,例えば北京市の場合は規模の小さい病院(一級病院)では医療費の規模によって自己負担額は3〜15%であって,その残りが償還払い(個人口座からの支払いの場合)もしくは現物給付(基金からの支払いの場合)によって医療機関に支払われます。なお,都市従業者基本医療保険ではその対象となる病院や薬局が指定されています。

韓国の医療保障も公的医療保険制度が中心であり,賃金所得者が加入する職場医療保険と非賃金所得者が加入する地域医療保険があります。保険に加入できない低所得層を支援する国民基礎生活保障制度(公的扶助)の医療給付とあわせ,韓国でも国民皆保険が実現しています。職場医療保険の保険料率は所得の5.8%であり(2012年),労使折半となっています。医療機関での自己負担は入院で20%,外来では30〜50%です。

韓国の医療機関は一次機関（医院，病院等），二次機関（総合病院），三次機関（上級総合病院）に分かれています。原則として下位の医療機関を受診してその紹介がないと上位機関を受診することができない仕組みです。

　シンガポールの社会保険制度は医療保険と年金が一体となり，中央積立基金が管理・運用を行っています。いずれの制度も積立方式を取り，事業主と労働者双方が賃金の一定割合を労働者の口座に積み立てます。口座は複数あり，医療保険であればその目的に応じた個人口座（メディセーブ）から医療費を支払うことになります。なお，軽微な医療の場合には医療費が支払われないこともあります。またメディセーブにある積立金では不足する高額医療などについては任意加入のメディシールドという保険がカバーしていて，国民の8割以上が任意加入しています。シンガポールの場合もゲートキーパーとして一般家庭医に受診をして，二次医療には一般家庭医の紹介を受ける方式です。

　タイでは公務員は公務員医療給付制度，民間被用者は社会保険制度（年金や失業保険などと総合的に運営されている制度）の傷病等給付，自営業者等は国民医療保障制度に加入し，制度上はすべての国民が医療保険の対象となっています。しかしながら国民医療保障は任意加入であり，公的な医療保険を必要としない富裕層は民間の医療保険に加入し，そのため株式会社経営の病院などが盛んです。社会保険制度の傷病等給付の保険料率は4.5％で，政府，雇用者，被用者がそれぞれ賃金の1.5％を負担しています。加入者は一定の上限まで自己負担はありませんが，登録した一つの病院しか受診できないことになっています。

3　医療と医療保険に関する国際比較

この節では医療と医療保険に関するさまざまな統計を縦断的に見ながら，医療制度の国際比較を行います。日本の医療や医療供給体制がどのように諸外国と異なるか，などを中心に紹介していきたいと思います。

●────医療費の国際比較

はじめに国ごとにどれだけの医療費を使用しているかを比較してみましょう。［図5-4］は2010年におけるOECD諸国の医療費の対GDP比を示したものです。なお，ここでの医療費はOECDが公表しているSHA（A System of Health Accounts）によるものです。日本では厚生労働省が公表する国民医療費が一般的ですが，正常分娩費や医療保険対象外の自由診療費等が除外されており対象範囲が狭く，国際比較も難しいことからSHAを利用しています。なおこれには一部介護関連の費用も含まれています。

［図5-4］からアメリカの医療費が突出して高いことがわかります。2010年のアメリカの医療費の対GDP比は17.7％でした。これは二番手グループ（オランダ(12.1％)，フランス(11.7％)，ドイツ(11.5％)，カナダ(11.4％)など）よりもおよそ5〜6ポイントも高い水準です。日本は9.6％で，図にある33ヶ国のうち高い順から13番目となっていて中位グループに属しています。図にはありませんが，2010年のOECD諸国平均は9.4％とほぼ同じ水準です。反対に医療費支出の少ないのはメキシコ（6.2％），エストニア（6.3％），ポーランド（7.0％）などです。韓国も7.3％と下から5番目となっています。

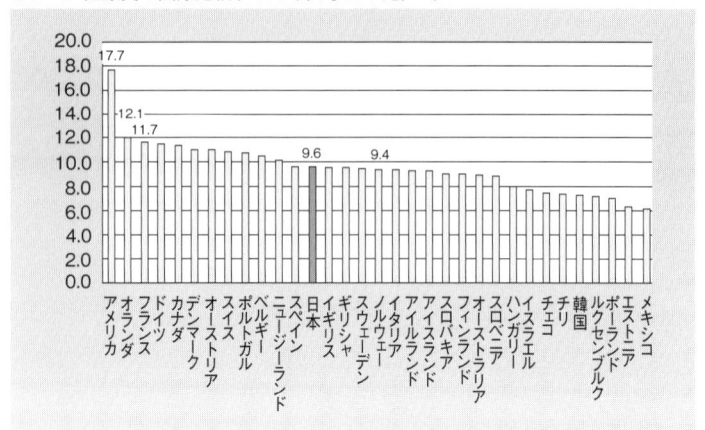

[図5-4] 医療費の国際比較(2010年, 対GDP比, %)

資料：OECD "Health Data 2013"

　日本の医療費の対GDP比はOECD諸国の平均的なところに位置していると述べましたが、この値は近年、上昇を続けています。過去の値を見ると1990年は5.8％、2000年は7.6％、また2005年は8.2％でしたので、この20年間で3.8ポイントの上昇です。但し、こうした比率を見る際に注意すべきは医療費の支出額だけではなくGDPの水準にも影響される点です。医療費の増加だけではなく、日本の名目GDPが伸び悩んでいることもこの上昇の背景にあります。

　参考までに主要国の2010年時点の1人当たりの医療費を見ておきましょう。米ドル換算でアメリカ8,247ドル、オランダ5,028ドル、フランス4,016ドル、ドイツ4,495ドル、イギリス3,422ドルで、日本

は3,213ドルでした。1人当たりで見てもアメリカの医療費の高さは飛びぬけています。

●──── 医療費の財源に関する国際比較

OECD "Health at a Glance 2013" では，OECD34ヶ国の医療支出の財源を政府からの直接給付，公的医療保険，民間医療保険，自己負担およびその他に分類しています。その結果を利用して，2011年における公的給付（政府からの直接給付と公的医療保険の合計）と自己負担の比率を見ていきましょう。

まずは医療支出に占める公的給付の大きさですが，34ヶ国の中で公的給付の割合がもっとも大きいのはオランダで85.6％，ノルウェー84.9％，デンマーク84.7％，チェコ83.9％，ルクセンブルク83.0％などとなっています。その反対に公的給付の割合が低いのはチリ44.9％，メキシコ47.3％，アメリカ48.8％，韓国56.6％などでした。日本は81.9％で34ヶ国中上から8番目で比較的公的負担の割合が高いグループに属しています。ちなみに34ヶ国の平均は72.4％で，日本はそれを上回っています。

公的負担の中身は国によって大きく異なっています。公的給付の大きいオランダ，ノルウェー，デンマークの3ヶ国を取ると，オランダは政府からの直接給付が8.1％，公的医療保険が77.5％と圧倒的に公的医療保険が大きい割合であるのに対し，ノルウェーとデンマークの政府からの直接給付の割合はそれぞれ73.4％，84.7％で，デンマークは公的医療保険からの給付はありませんでした。日本の場合は政府からの直接給付の割合が9.4％，公的医療保険72.6％でした。34ヶ国の平均は政府からの直接給付が35.4％，

公的医療保険からの給付が37.0％とほぼ拮抗しています。

次に自己負担の割合を見ていきましょう。34ヶ国の中でもっとも自己負担比率が高いのはメキシコで49.0％でした。次いでチリ38.3％，韓国38.8％などとなっています。反対に自己負担比率が低いのはオランダで6.0％，次いでフランス7.7％，イギリス9.9％などでした。医療費が突出しているアメリカは12.1％と比較的自己負担は低くなっています。またドイツは12.4％，日本は14.6％でした。OECD34ヶ国の平均は19.8％でしたので日本の自己負担比率はやや低いグループにあると言えます。

●──機能別に見た医療支出の割合

医療支出を入院，外来，介護，医薬品，その他（公衆衛生等）に分けた場合のシェアを比較してみましょう。同じくOECD "Health at a Glance 2013" を用いて，主要国における上記五つの機能別の割合を示したものが[図5-5]です。

これによると日本の場合，入院にかかった費用が32％，外来診療にかかった費用が33％，医薬品には22％となっていて，入院と外来はほぼ同額になっています。取り上げた国の平均では入院が29％，外来が33％，医薬品が20％でした。これを見ると日本では入院のウエイトがやや平均より高いということになります。ちなみに入院の割合がもっとも高かったのはフランスで37％，低かったのはアメリカで18％，また外来の割合がもっとも高かったのはアメリカで51％，低かったのはフランスで22％でした。アメリカとフランスでは機能別に見た医療費が正反対になっていることがわかります。

[図5-5] 機能別医療支出の割合（2011年，%）

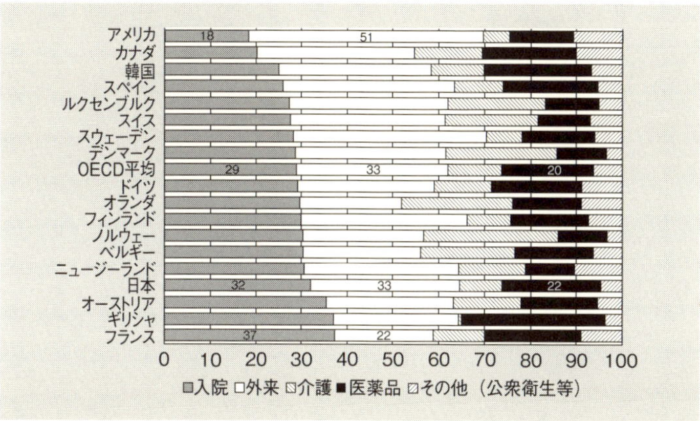

ａｍｅｒｉｃａ アメリカ 18 ... 51 ...
（グラフ：入院／外来／介護／医薬品／その他（公衆衛生等））
国名（上から）：アメリカ，カナダ，韓国，スペイン，ルクセンブルク，スイス，スウェーデン，デンマーク，OECD平均，ドイツ，オランダ，フィンランド，ノルウェー，ベルギー，ニュージーランド，日本，オーストリア，ギリシャ，フランス

OECD平均：29　33　20
日本：32　33　22
フランス：37　22

資料：OECD "Health at a Glance 2013"

● ―――― 医師数の国際比較

　次に医療供給体制の国際比較を行ってみましょう。医療供給の側面を労働と資本に分けた場合，労働については医師数を，また資本については医療機器を取り上げます。ここではまず，医師数の比較です。

　[図5-6]はOECD主要国における人口1,000人当たりの臨床医師数を示したものです。取り上げた国の中で臨床医師数がもっとも多いのはギリシャで人口1,000人当たり6.1人の臨床医師がいました。次いで，オーストリアの4.8人，イタリアの4.1人などと続いています。注目すべきは日本の臨床医師数の少なさでしょう。取り上げた24ヶ国の中では下から3番目で人口1,000人当たり2.21人でした。さら

[figure 5-6] 人口1,000人当たり臨床医師数（2011年，人）

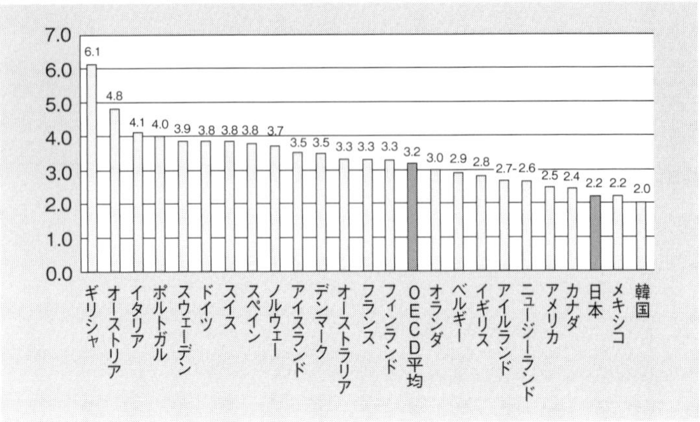

グラフの値：
ギリシャ 6.1、オーストリア 4.8、イタリア 4.1、ポルトガル 4.0、スウェーデン 3.9、ドイツ 3.8、スイス 3.8、スペイン 3.8、ノルウェー 3.7、アイスランド 3.5、デンマーク 3.5、オーストラリア 3.3、フィンランド 3.3、フランス 3.3、OECD平均 3.2、オランダ 3.0、ベルギー 2.9、イギリス 2.8、アイルランド 2.7、ニュージーランド 2.6、アメリカ 2.5、カナダ 2.4、日本 2.2、メキシコ 2.2、韓国 2.0

出所：OECD "Health Data 2013"

に少ないのがメキシコの2.2人，韓国は24ヶ国の中で最少の2.0人でした。アメリカも比較的，臨床医師数が少なく人口1,000人当たり2.5人となっています。ちなみにOECD34ヶ国の平均は3.2人でした。

● ─── **MRIとCTの普及の比較**

次に医療供給の資本側の要素として医療機器の普及度合いを比較します。医療機器ではCT（コンピュータ断層撮影装置）やMRI（核磁気共鳴画像装置）などの検査機器が比較によく使われています。［図5-7］は主要国におけるMRIの普及度合い（人口100万人当たりの台数）を示したものです。

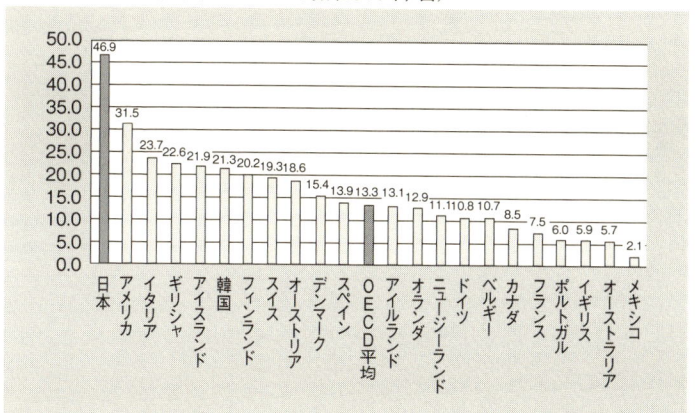

[図5-7] 人口100万人当たりのMRIの数(2011年, 台)

日本 46.9／アメリカ 31.5／イタリア 23.7／ギリシャ 22.6／アイスランド 21.9／韓国 21.3／フィンランド 20.2／スイス 19.3／オーストリア 18.6／デンマーク 15.4／スペイン 13.9／OECD平均 13.3／アイルランド 13.1／オランダ 12.9／ニュージーランド 11.1／ドイツ 10.8／ベルギー 10.7／カナダ 8.5／フランス 7.5／ポルトガル 6.0／イギリス 5.9／オーストラリア 5.7／メキシコ 2.1

出所:OECD "Health Data 2013"

　図から明らかなように日本におけるMRIの普及度は他国に比べ飛びぬけて高くなっています。2011年では人口100万人当たり46.9台でした。第2位のアメリカが31.5台ですからおよそ15台の差があります。次いでイタリア23.7台, ギリシャ22.6台などとなっています。医師数という労働力の側面では諸外国に比べ少なかった日本ですが, 資本の側面からは整備が進んでいるようです。但し, この46.9台が適正な台数であるのかどうかは議論があるようです。高価な医療機器を小さな病院までもが保有するということがあれば資源配分の点から非効率な点もあるでしょう。

　ここではMRIを取り上げましたがCTの普及も同様な状況にあります。同じように国際比較を行うと日本は人口100万人当たりのCT

の台数は101.3台でOECD諸国の中でこれも図抜けて多くなっています。第2位はオーストラリアの44.4台，次いでアメリカが40.9台ですからMRIよりもその差は大きくなっています。ちなみに，CTのOECD諸国の平均は23.6台でした。

● 医療制度の国際比較

［表5-1］は主要6ヶ国を対象に医療供給に関する国際比較に関して，厚生労働省がOECDのデータベースを用いてまとめたものです。これから日本の特徴がいろいろ読み取れます。

人口1,000人当たりの総病床数を見ると，日本は13.6床と他国と比べて非常に多くなっています。ドイツの8.3床に比べてもほぼ1.5倍の病床数です。その一方で(上でも述べましたが)人口1,000人当たりの臨床医師数は2.2人と6ヶ国の中では最少となっています。臨床看護職員の数は人口1,000人当たりで10.1人と5ヶ国の中で中位にありますが，病床数が多いため病床100床当たりの臨床看護職員数は74.3人と最少になっています。看護職員の業務は病床数の多さに比例すると考えられますから，看護職員不足が窺われます。

日本のもう一つの特徴は入院日数の長さです。平均在院日数を見ると，日本は32.5日で最長となっていて，これに次ぐフランスが12.7日，ドイツが9.6日ですから，これらの国と比べても際立って長いことがわかります。そのことが病床数の多さにつながっていると考えられます。入院日数が長い背景には，社会的入院や入院を促す診療報酬の仕組みなどが指摘されていて，医療費を効率的に使用するためにも平均在院日数の短縮が医療制度改革の一つの目標になっています。

[表5-1] 医療供給に関する国際比較

	アメリカ	イギリス	ドイツ	フランス	スウェーデン	日本
人口1,000人当たり総病床数	3.1	3.0	8.3	6.4	2.73	13.6
人口1,000人当たり急性期医療病床数	2.6(※1)	2.4	5.7	3.5	2.0	8.1
人口1,000人当たり臨床医師数	2.4	2.7	3.7	3.3#	3.8(*1)	2.2
病床100床当たり臨床医師数	79.4	91.8	45.2	50.9#	37.8(*1)	16.4
人口1,000人当たり臨床看護職員数	11.0#	9.6	11.3	8.5#	―	10.1
病床100床当たり臨床看護職員数	350.8#	324.7	136.7	131.5#	―	74.3
平均在院日数	6.2	7.7	9.6	12.7	5.7	32.5
平均在院日数（急性期）	5.4	6.6	7.3	5.2	4.6	18.2
人口1人当たり外来診療回数	3.9(*2)	5.0(*1)	8.9	6.7	2.9	13.1(*1)
女性医師割合（％）	31.8	44.1	42.3	40.8	45.0(*1)	18.8
1人当たり医療費（米ドル）	8.233	3.433	4.338	3.974	3.758	3.035(*1)
総医療費の対GDP比（％）	17.6	9.6	11.6	11.6	9.6	9.5(*1)
OECD加盟諸国間での順位	1	13	3	3	13	16
平均寿命（男）（歳）	76.2	78.6	78.0	78.0	79.5	79.6
平均寿命（女）（歳）	81.1	82.6	83.0	84.7	83.5	86.4

出所：厚生労働省HP
注：2010年のデータ。ただし、*1は2009年、*2は2008年のデータ。#は臨床に当たる職員に加え研究機関等の職員を含む。

入院日数と同じように外来診療回数の多さも特徴です。日本の人口1人当たりの年間の外来診療回数は13.1回で，ドイツの8.9回，フランスの6.7回と比べても突出しています。その背景にはフリーアクセス（自由にいつでも医療機関を選択できること）が保障されていることがあります。欧米諸国などでは一般家庭医を通さないと二次医療に進めない，あるいは決まった一般家庭医で診療を受けなければならないという仕組みを持つ国もあります。フリーアクセスは患者にとって都合のいいシステムですが，医療費の高騰にもつながり，議論が必要な仕組みでもあります。

4　医療保障制度改革の視点

　ここではこれからの医療制度改革につながる五つの点に関して，諸外国の事例を参考にしながら議論していきたいと思います。

●──医療制度改革の視点
　本章の冒頭でも述べましたように日本でも医療費が年々増加しています。国民医療費はここ20年で2倍近くに増えています。医療費の増加の背景には高齢化と医療に関する技術進歩があると言われています。高齢者が増えれば医療費は増加するでしょう。例えば2011年度では総人口の23.3％を占める65歳以上人口が55.6％の国民医療費を使っています（厚生労働省「国民医療費」）。もちろん，高齢者が医療を受けて健康な生活を送り，寿命が伸びることはとても好ましいことです。したがって医療費の増加をただ抑えればいい

というわけではありません。加えて，医療費の増加の背景には技術進歩もありますから，新しい医療技術，検査機器，医薬品などの実用化によって私たちの健康に大きな改善をもたらします。

しかしながら，医療費を負担するという視点から見ると，効率的な医療支出ということも考えていく必要があります。医療費の対GDP比を見ると諸外国に比べそれほど突出した値ではありませんが，しかし年々この値は上昇しています。その背景には経済成長の鈍化ということもあります。経済力が伸び悩む中でそれ以上に医療費が上昇することは持続可能ではありません。加えて，日本は世界一の長寿国です。高齢者の医療費を実質的に負担するのは現役世代です。現役世代の負担は医療だけではありません。年金保険料などの社会保険料や租税等の負担も増えています。こうした中で，医療についても，少なくとも効率的な仕組みを検討しなければならないのは間違いありません。

では，どのような視点で医療制度改革を進めるべきでしょうか。いろいろな考え方があると思いますが，適正な負担のあり方と効率的な医療供給制度の構築ということの二点になると思います。例えば前者については，現在の公的医療保険による3割負担を維持していていいのか，高額療養費制度など，より大きなリスクへの対応は十分なのか，自助の考え方をもっと取り入れることはできないか，などです。後者についてはフリーアクセスの見直しや一般家庭医の普及などがあります。この他にも診療報酬体系のあり方（定額払いのための診断群分類包括評価の推進（DPC）など）や予防医療等の推進など多岐にわたる課題があります。以下では，今後の医療制度改革の材料となると考えられる項目について，諸外国との比較を行いな

がら概観していきたいと思います。

● ──── **医療保障の提供**

多くの国ではプライマリー・ケアに関して、政府が直接これを供給するか、もしくは公的な医療保険によってカバーするか、いずれかの方法で提供しています。Paris *et al.*(2010)はOECD29ヶ国(アメリカは除かれています)がプライマリー・ケアをいずれの方法によっているかをまとめています。これによると、財源を租税に求め、政府が自動的にすべての国民に公的サービスとして供給している国はオーストラリア、カナダ、デンマーク、フィンランド、イタリア、ノルウェー、スペイン、スウェーデン、イギリスなどの13ヶ国、一方、所得比例の社会保険料を財源とする公的医療保険に強制的に加入させる仕組みを持つ国がオーストリア、ベルギー、フランス、ドイツ、ギリシャ、ハンガリー、日本、韓国、ルクセンブルク、ポーランドの10ヶ国です。その他、オランダとスイスはすべての国民が民間の医療保険会社に加入することとなっていますが、政府がリスク調整と民間保険会社に対する強い規制を行っていて、その意味ではこれらの国も公的に医療保障がされていると言えます。また、Paris *et al.*(2010)が調査した29ヶ国のうち、いずれかの方法ですべての国民が公的な医療保障でカバーされている国、すなわち国民皆保険と言える国は21ヶ国にのぼります。例外はドイツ、メキシコ、トルコなどで、ドイツの場合は15％近くの国民が任意加入です。

公的医療保険制度を持っている国でもユニバーサルな保険による国はベルギー、韓国、ルクセンブルク、ポーランドで、一方、加入する保険者は選択できず一般的に職業などとリンクして保険者が

定められている国はオーストリア，フランス，ギリシャ，日本などです。ドイツやオランダ，スイスは複数の保険者の中から自由に選択ができます。

日本の医療保険制度ではすでに紹介したように，職業や就業先の企業規模などによって分立しています。その意味では先進国の中でももっとも複雑な制度の一つと言ってよいでしょう。効率化を図るにはユニバーサルな保険者の仕組みを整えることも必要ではないでしょうか。

●───負担の方法

公的な医療保障をまかなう財源の方式を考えてみましょう。日本の後期高齢者医療制度は加入者の保険料のみならず政府からの公費負担と現役世代等が加入するその他の公的保険からの財政的補助が行われています。2011年度の組合健康保険の決算によると経常支出のうち，およそ37％が後期高齢者医療制度を含む65歳以上の高齢者の医療費に拠出されています。言い換えれば，高齢者の医療費を現役世代が負担しているということです。もちろんこのことは所得の多寡などからやむを得ませんが，しかしこれから高齢化がさらに進むことを考えると，異なる負担の仕方も考えられます。

その一つが個人口座を活用した医療費の積立方式です。OECD諸国ではあまり見られない方式ですが，シンガポールなどでは積立方式を活用しています。これについて少し考えてみましょう。若いうちは所得も多く，支払った保険料に比べ支出する医療費は少ないので，その分医療費に関する貯蓄を行うことができるで

[図5-8] ライフサイクルと医療支出

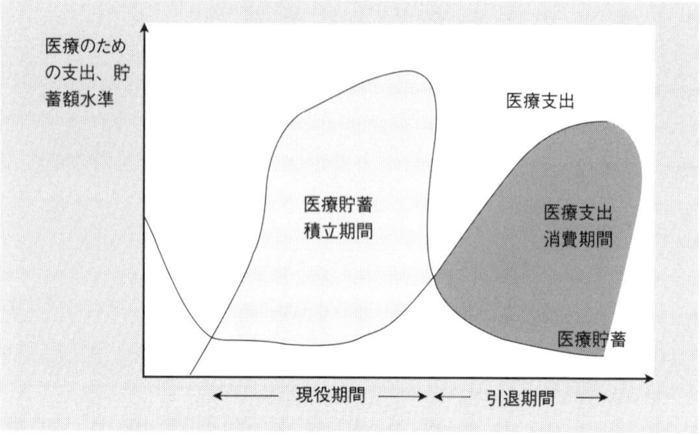

グラフ内ラベル：医療のための支出、貯蓄額水準／医療支出／医療貯蓄積立期間／医療支出消費期間／医療貯蓄／現役期間／引退期間

出所：WHO（2002）

しょう。高齢になると、医療支出が増えますが、若いうちに蓄積した医療貯蓄を利用してこれを負担することも可能です。WHO（2002）もこうした考え方を提案しています（[図5-8]参照）。

　こうした積立方式を導入するには個人単位の医療貯蓄口座（Medical Saving Account, MSA）を創設する必要があります。すでに紹介しましたように、シンガポールではメディセーブ（Medisave）という名称でMSAが活用されています。この口座からの貯蓄の引き出しは医療費に限られています。なお、高額の医療費が必要になるなどMSAの残高では足りない場合にはメディシールド（Medishield）という別枠の保険が用意されています。

●───── 高額療養費制度

　医療にかかる費用には大きな差があります。軽症で軽微な費用で済む疾病から高額な医療費を継続的に支払わなければならない重篤な病気までさまざまです。医療保障ではできる限り高額な医療費を必要とするリスク（ビッグリスク）に対応すべきだという考え方もあります。非効率な使い方で医療費が増加して，本来救わなければならないビッグリスクへの対応が手薄になることだけは避けなければなりません。

　日本では高額療養費制度があり，医療費の自己負担が過大なものとならないように月ごとの自己負担限度額を超えた場合には，その超えた金額を支給する仕組みがあります。例えば月100万円の医療費がかかったとします。その場合，自己負担は3割ですから30万円の自己負担額となるのですが，一般的な被用者の場合には月の限度額の上限が87,430円となりますので，その差額の212,570円が支給されることになります（2013年度の場合）。こうした高額の医療費に対応する仕組みは諸外国にもあるのでしょうか。

　ドイツでは高度医療や新薬については，公的保険はカバーをしていません。その場合には補完的な民間の医療保険に頼るということになります。フランスでは事前に高額医療の申請をした医師は国の定めた診療報酬を超過する請求を患者にすることができますが，その分は自己負担になります。その場合も民間保険が自己負担をカバーする形になります。デンマークの場合は基本的には自己負担は発生しませんが高所得者は自己負担が求められることになります。イギリスはNHSでこれも患者は原則無料となりますが，高額医療の場合には民間保険や自費によるプライベート医療が行われ

ています。アメリカのメディケアなどの公的医療保険でも高額医療費の部分は自己負担となります(財務総研(2010))。

このように日本以外では高額な医療費に対応できる制度を持つ国はあまりありません。その意味では高額療養費制度を維持するような医療政策を続けていくことが望ましいと考えます。

●──── ゲートキーパーの有無

欧米の多くの国ではプライマリー・ケアの段階で一般家庭医を受診し、その紹介をもって二次医療等に進む仕組みが取られています。この場合、一般家庭医はゲートキーパーであると言われます。一般家庭医(ゲートキーパー)の存在は自由なプライマリー・ケアの選択を制限しますが、しかし患者のサーチコストを低下させ、また適切な専門医療のアドバイスを与えることができるなどのメリットもあります。もちろん良好なゲートキーピングを行うには一般家庭医がしっかりとしていてきちんとした情報を持っていることが必要になります。

Paris *et al.*(2010)は一般家庭医に登録を行うという意味でのゲートキーパーの有無をまとめています。プライマリー・ケアに関し一般家庭医の登録を強制している国はデンマーク、イタリア、ノルウェー、ポルトガル、スペイン、オランダなどです。このうち、オランダを除く5ヶ国は医療保障を直接供給している国です。完全な強制ではなく、登録を行うこととされているのは、ベルギー、フランス、ドイツ、スイス、イギリスなどです。反対に、カナダ、フィンランド、韓国、日本、スウェーデンなどではこうした一般家庭医への登録制度はありません。

また，二次医療を受けるにはゲートキーパーの紹介が不可欠となっている国はカナダ，フィンランド，デンマーク，イタリア，オランダ，ノルウェー，イギリスなどとなっています。カナダやフィンランドは一般家庭医への登録は義務付けられていませんが，二次医療に進むには紹介を必要とする国です。一般家庭医への登録も二次医療の受診もまったく自由な国は日本，ギリシャ，スウェーデンなど限られています。

● ─── **医療機関の選択の自由**

　次に，医療機関の選択の自由について見ておきましょう。医療機関を自由に選択できるということは，市場での競争が生じて医療コストの低下や医療の質の向上が期待できます。その一方でサーチコストがかかるなどのデメリットもあります。

　Paris *et al.*(2010)によって，OECD諸国の動向を見ていきましょう。多くの国ではプライマリー・ケアに関しては自由に医療機関を選択できますが，制限されている国としてはデンマーク，フィンランド，イギリスなどがあります。デンマークでは10km圏内の医療機関を受診することになっており，またフィンランドやイギリスでは居住地域にある一般家庭医に登録をすることとなっています。また，一部の国(ベルギーやオーストリア)では，自由に選択できるが費用面などから登録した一般家庭医などを受診するようなインセンティブを与えている場合もあります。

　二次医療を行う病院の選択についても多くの国では自由に選択できますが，フィンランドやスイスでは制限が付されています。イギリスでは2009年以降，患者は登録した一般家庭医と相談して自由

に病院を選択できるようになっています。一次医療も二次医療もいずれも自由に選択できる国としてはフランス，イタリア，日本，ノルウェー，スウェーデンなどParis *et al.*(2010) が取り上げた29ヶ国のうち13ヶ国に留まっています。

いわゆるフリーアクセスはゲートキーパーの有無，医療機関の選択の自由の双方の意味を持っていると考えられます。その点から見ても日本はまさにフリーアクセスが認められている国と言えます。

● **医療費のマクロレベルでのコントロール**

最後に，政府によって医療費抑制のためのマクロレベルでのコントロールもしくは計画が行われているかを概観したいと思います。小泉政権下の経済財政諮問会議では医療費の伸びを名目GDPの伸びにリンクさせるという形での医療費の目標を設定しました。その後，こうした目標設定は取り下げられましたが，他のOECD諸国ではどうでしょうか。これもParis *et al.*(2010)の結果を引用したいと思います。

29ヶ国のうち，医療費支出に関して地域や支出内容などにわたって厳格に設定している国としてはノルウェー，ニュージーランド，ポーランド，ポルトガル，スウェーデン，イギリスの6ヶ国があります。その他の多くの国では医療費に関する目標値の設定を行っています。カナダやスペインでは地域ごとに医療費支出の目標を設定し，フランスでは目標値を国会で承認しています。反対に，まったくこうした目標値を持っていないのはオーストリア，日本，韓国，スイスの4ヶ国だけでした。目標値の設定は，医療保険の財政的な持続可能性を担保するために必要なものですが，現実の医療支出を目

標値で縛ることはなかなか難しいでしょう。しかし日本のように医療費が急増している国では一つの目安として必要なのではないでしょうか。

付録　各国の介護サービス・介護保険

この節では介護サービスや介護保険に関する国際比較を紹介します。本来であれば一つの章をあてるべき内容ですが，ここでは諸外国の介護保険制度の概要と介護サービス受給者や介護費用などに関する国際比較を中心に紹介したいと思います。

●──日本の介護保険制度

介護保険制度は2000年度から開始されたもっとも新しい社会保険です。高齢化の進展とともに介護を必要とする高齢者も増加し，21世紀型の社会保険といってもいいでしょう。介護保険制度が実施される前の介護サービスは社会福祉制度と老人医療制度が担っていましたが，異なる二つの制度の間のサービスや負担，介護の内容に関するバランスが欠けていたことが創設の契機ともなっています。

介護保険を定義すると，寝たきりや認知症等の「要介護状態」あるいはその一歩手前にある「要支援状態」にある高齢者の生活をサポートするために，介護サービスを供給する現物給付です。保険者は市町村で，医療保険と異なり職業等による分立はありません。被保険者は，第1号被保険者（その市町村内に住所を持つ65歳以上の

者)と第2号被保険者(40〜65歳未満の医療保険加入者)に分かれます。

原則として65歳以上の人が介護保険を受けるには,当該市町村に要介護認定の申請を行い,要介護認定を受ける必要があります。要介護度は要支援1から要介護5までの7段階となっています。要介護認定を受けた後,ケアマネージャーによるケアプランの作成を経て,介護サービス事業者から在宅サービス(訪問介護,通所介護等)や施設サービス(老人福祉施設などでのサービス)や地域ごとに設定された地域密着型サービスなどを受けます。その際,自己負担としてかかった費用の1割を支払います。介護サービス事業者は残りを保険者である市町村に請求することになります。

市町村が支払う介護費用の財源は,5割が保険料,残りの5割が国,都道府県,市町村がそれぞれ負担する公費によってまかなわれます。介護保険の保険料は3年サイクルで決定され,第1号被保険者の2012〜14年度までの保険料は月額で4,972円(全国平均)となっています。

2000年の介護保険制度開始以降,利用者は急増しています。2000年4月末での要介護認定者数(要支援を含む)は218万人でしたが,2012年4月までは533万人と2倍以上に増えています。また,介護サービス受給者数も同じ期間で149万人から445万人へと3倍近くに増加しています。そのため,介護にかかる費用(介護保険の総費用)も2000年度の3.6兆円から2013年度では9.4兆円にまで増加しています。今後さらなる高齢者の増加が見込まれていて,そのため介護保険費用をどのようにまかなっていくかが問われています。

●─── 諸外国の公的介護サービス供給

　諸外国では公的介護サービス供給はどのように行われているのでしょうか。

　ドイツは長い議論の末，1995年に世界で初めて介護保険制度を導入した国です。年金や医療などの社会保険を19世紀末にビスマルクが導入してからおよそ100年後に新たな社会保険が誕生したということです。ドイツの介護保険では被保険者は医療保険の保険者と同じで，日本と異なり一定の年齢以上ということではありません。その理由としては，介護保険の受給者についても年齢制限がないということと，財源がすべて保険料でまかなわれているということがあります。介護保険の保険者は介護金庫と呼ばれ，医療保険を運営する疾病金庫が別組織として設立することが多いようです。

　介護保険からの給付を受けるには要介護認定を受ける必要があり，要介護度はⅠ～Ⅲの三段階となっていて，日本でいう要支援の段階では給付の対象となりません。在宅介護の場合，給付は現物給付と介護手当（現金給付）で受けることができますが，その上限額や給付額は要介護度によって異なります。例えば2012年ではもっとも重篤な要介護Ⅲの場合，現物給付の上限額は月額1,550ユーロ，また介護手当は月額700ユーロとなっていて，利用に応じて案分されます。なお，ドイツの介護保険では「施設の前に在宅を」というスローガンがあり，在宅介護を優先するという原則があります。

　フランスはドイツや日本と異なり社会保険ではなく社会扶助制度の一部として介護サービスの提供を行っています。社会扶助制度は国民連帯の考え方によって制度化された公的扶助であり，租税を財源としてまかなわれています。その柱は2002年から開始され

た高齢者自助手当（APA）で，その前身は1997年に創設された介護給付制度です。高齢者自助手当の対象者は60歳以上で，6段階の要介護認定を受けた者のうち重度である要介護1〜4の認定を受けた高齢者となっています。給付額は費用のうち所得によって定められる自己負担額を除いた部分であり，その上限額はもっとも重篤な要介護度1の場合，1,288.09ユーロ（2012年）となっています。

スウェーデンでも高齢者に対する介護は社会福祉サービスの一環として位置づけられています。その主体はコミューン（日本でいう市町村）で，コミューンは高齢者ケア（福祉）サービスとして在宅サービスと施設サービスを提供しています。高齢者ケアサービスの財源はコミューンの税収と利用者の自己負担によりますが，その具体的な内容はコミューンによって異なっています。

イギリスの場合も社会保険ではなく社会福祉の一環として介護サービスが提供されるとともに，医療サービスを提供するNHSも介護を担ってきました。したがって，その財源は租税ということになります。そのため，イギリスでは介護に関して社会福祉と医療の分担の境界があいまいであり，日本で介護保険制度が誕生する以前のような状況となっています。

アメリカでは公的な介護保障制度は存在しないため，高齢者介護はメディケアでカバーされる部分しか公的関与はありません。したがって，ほぼ自己負担ということになります。ただし，医療の範囲に入らない食事の宅配や入浴介助などについては，米国高齢者法によって一定の補助があります。

以上，5ヶ国の介護保障制度の概要を見てきましたが，ドイツを除き社会保険方式で介護サービスを提供している国はありません。

日本の介護保険制度が諸外国に先駆けたものであることが，ここから見て取れます。但し，上で述べたようにさらなる高齢化と介護需要の増加に対してどのように対応していくかが問われています。

●───── 介護支出の国際比較

　介護サービスは介護保険の形態をとっていなくても，多くの国で社会福祉などの一環で提供されています。ここでは，OECD諸国における介護関連の公的支出の国際比較を見てみましょう。

　［図5-9］はOECD "Health at a Glance 2013" から，2011年における公的な介護支出の対GDP比を示したものです。図に含まれるOECD18ヶ国の中でもっとも介護支出が多いのはオランダで3.7%でした。次いでスウェーデン（3.6%），ノルウェー（2.4%），デンマーク（2.4%），フィンランド（2.1%）と北欧諸国が上位を占めています。日本は1.8%で上から8番目とほぼ中位に位置しています。一方，介護支出の少ない国はイスラエル（0.5%），韓国（0.6%），アメリカ（0.6%）などでした。ちなみに図には示していない国を含めた調査対象26ヶ国の平均は1.3%でした。介護支出の規模は介護サービス提供の制度が整っていて，かつ高齢化が進展している国ほど多いと考えられます。

●───── 介護を受ける高齢者

　費用とは別に，介護を必要としている高齢者の割合はどうなっているでしょうか。［図5-10］は同様にOECD "Health at a Glance 2013" から，65歳以上人口に占める介護サービス受給者の割合を比較したものです。

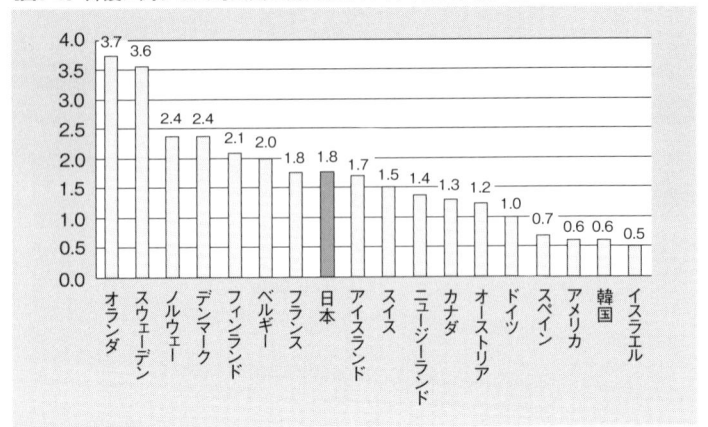

[図5-9] 介護に関する公的支出の割合(2011年，対GDP比，%)

国	%
オランダ	3.7
スウェーデン	3.6
ノルウェー	2.4
デンマーク	2.4
フィンランド	2.1
ベルギー	2.0
フランス	1.8
日本	1.8
アイスランド	1.7
スイス	1.5
ニュージーランド	1.4
カナダ	1.3
オーストリア	1.2
ドイツ	1.0
スペイン	0.7
アメリカ	0.6
韓国	0.6
イスラエル	0.5

資料：OECD "Health at a Glance 2013"

　図に示した20ヶ国の中ではイスラエルがもっとも高い割合(22.1%)を示していますが，スイス(20.3%)，オランダ(19.1%)，ノルウェー(17.4%)，デンマーク(16.7%)といったヨーロッパ諸国でも高い比率となっています。一方，カナダ(3.4%)やイタリア(4.1%)，韓国(6.4%)，アメリカ(6.4%)といった国々では介護サービス受給者は相対的に小さな割合となっています。なお，アメリカはそれでもメディケアに介護関連サービスが一部含まれているため，高い数値になっているようです。日本は12.8%で，これも比較した国々の中で中位の位置にあります。ちなみに，図に含まれない調査対象の国を含めた合計比較を行った26ヶ国の平均は12.7%で，ほぼ日本の値と同水準でした。

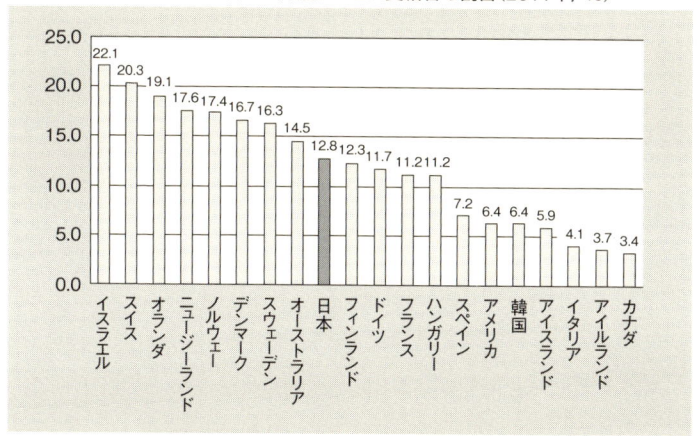

[図5-10] 65歳以上人口に占める介護サービス受給者の割合（2011年，%）

国	割合
イスラエル	22.1
スイス	20.3
オランダ	19.1
ニュージーランド	17.6
ノルウェー	17.4
デンマーク	16.7
スウェーデン	16.3
オーストラリア	14.5
日本	12.8
フィンランド	12.3
ドイツ	11.7
フランス	11.2
ハンガリー	11.2
スペイン	7.2
アメリカ	6.4
韓国	6.4
アイスランド	5.9
イタリア	4.1
アイルランド	3.7
カナダ	3.4

資料：OECD "Health at a Glance 2013"

　留意しなければならないのは，この数値は介護を必要としている高齢者ではなく，介護サービスを受けた高齢者であるということです。したがって，制度の規模や範囲によって影響されるということで，単純に高齢化の程度だけではないようです。

● ── **介護関連労働者の比較**

　最後に介護関連サービス従事者の国際比較をまとめておきます。介護サービスの充実は同時に，介護サービス従事者の需要も喚起することになります。日本でも今後，介護サービスに従事する就業者がさらに必要になりますが，就業条件などの理由（賃金の低さや非正規での就業形態が多いなど）もあって雇用の確保が難しいなどの課

題があります。

　OECD "Health at a Glance 2013"ではOECD24ヶ国について「介護サービス従事者の65歳以上人口に対する割合」が計算されています。高齢人口が多いほどそれに比例して介護サービス従事者が必要となりますので，適切な指標と考えられます。この指標の計算の対象となった24ヶ国の中ではスウェーデンがもっとも高く12.2％，次いでノルウェー 12.1％，アメリカ11.9％，オランダ10.9％などと続いています。アメリカの指標の値が高いのは，公的なサービスとしては制度化されていませんが，民間を含めると多くの雇用があるということでしょう。日本は5.5％でした。この24ヶ国の平均は5.7％でした。日本は，この指標のみならず，介護支出でも介護サービス受給者でも中位に位置しているようです。言い換えれば，日本は介護サービスに関して充実しているものの，国際的に秀でた状況にまでは進んでいないということでしょうか。

おわりに

　ここまで，社会政策に関わる五つの分野（少子化問題と家族政策，労働市場と雇用政策，最低所得給付と貧困問題，公的年金制度，医療供給と医療保険制度）に関して，国際比較を中心に日本の制度の課題などもあわせて概観してきました。

　序章でも述べたように，現在の日本を取り巻く経済・社会環境には厳しいものがあります。しかし財政赤字があるからといって社会保障支出を単純に切り詰めればいいというものではありません。経済成長が鈍化したから失業対策をしなくていいというわけではありません。本書で取り上げた社会政策の五つの分野は，いずれも生活を送るうえで不可欠な制度です。したがって，厳しい環境の中で持続可能な仕組みにしていくための改革や改良を，諸外国の制度などにヒントを求めつつ，検討を重ねていく必要があります。

　具体的に，どのような政策を進めていけばいいのか，という点については私自身，さまざまなところで論文や報告などで明らかにしてきました。それを繰り返すことは本書の目的ではないのですが，最後に簡潔に私自身が考える改革の方向性を述べておきたいと思います。

　日本は長い間，少子化問題に対応してきました。しかしながら目立った成果をあげたとは言い切れません。人口増加が社会にとって必要であるとの合意がない，ということがその根本的な原因ではないかと考えています。フランスでは出生率を高く維持していますが，その背景には人口増加の重要性が社会的な合意として存在してい

ます。家族政策については，戦前の"産めよ増やせよ"などに戻るのではないかという"遠慮"を早く捨てて，国として人口の増加を目指すということを明確に掲げることも大事だと考えます。このことは，子育て支援から出生促進へと家族政策の目的を転換することでもあります。同時に，結婚する，子どもを持つ，ということの機会費用をできる限り小さくする政策をさらに進めることも不可欠です。

　家族政策（少子化対策）を実施して，社会にその効果が現れるには20〜25年が必要です。そのため効果があまり実感できない政策ということになりますが，長期的な視点に立って家族政策を進めていくことで日本という社会の基盤を確固たるものにできるはずです。本書では触れませんでしたが，海外からの優秀な労働者を受け入れるという「選択的移民制度」についてもあわせて検討するべきではないでしょうか。

　労働市場や雇用政策については，まずは積極的労働市場政策を推進することが必要です。すなわち，雇用規制を緩和した柔軟な労働市場，産業構造の変化に対応した職業訓練などです。またグローバル化への対応や雇用形態の変化に対応した同一価値労働・同一賃金の原則を打ち立てることも重要でしょう。望まず非正規の職に就いた若者をいかに引き上げるか，再チャレンジが可能な社会をいかに構築するかが問われていると思います。加えて，日本独自のシステムである新卒一括採用の見直しも急ぐべきです。

　社会保障制度に関しては，高齢化の進展でさらに社会保障給付が増えることは不可避です。その結果，財政赤字もさらに膨らみ，これが経済成長の足を引っ張るという負の連鎖も心配です。一方，社会保障制度は不可欠な社会システムですから，単純に削減すれ

ばいいものでもありません。そうなると，本当に必要な人に必要なだけの給付を行うという意味での「ターゲッティング」をより重視しなければならないと考えます。貧困ライン以下で生活保護が受けられない人や難病など重い高額療養費負担に直面している人，低年金でその他の収入がない人，などにはこれまで以上に社会保障制度を充実させる必要がありますが，その反面，社会保障が必要ではない人に給付される非効率を是正していくことが大事です。例えば，働けるのに生活保護を受けている人，高所得・高資産を持ち年金を受給している人，軽い病気で大きな病院に通院している人，などがないように制度を運営していく必要があるでしょう。

　各制度についての具体的な改革案は以下のとおりです。生活保護制度は対象者を厳密に限定し，ワークフェアの原則に基づいて就労を促進するとともに，給付についてはフードスタンプのバウチャーなども考慮に入れるべきではないでしょうか。医療保険・医療供給についてはビッグリスクへの対応を第一に考え，そのために高額療養費制度を充実させるとともに自己負担部分については軽症者の負担増や免責制の併用，あるいは一般家庭医の普及によるフリーアクセスの一部見直しなどが議論されるべきです。ドイツやオランダの事例で見た保険者の競争機能の充実も課題です。年金制度では基礎年金の財源の租税化と同時に資産や所得を基準とした対象者の限定，スウェーデンの事例で見たような保険料率の自動均衡方式や平均余命の伸長に合わせた支給開始年齢の引上げなどを提案したいと思います。そのためには，マイナンバー制度の充実も不可欠でしょう。

本書の目的は，これから社会保障制度や労働市場改革を議論する際の材料を提供するということでした。この本がこうした議論の参考になるのであれば，まさに著者冥利に尽きます。最後に2013年9月にオランダ国王が述べた演説を引用しておきたいと思います（引用は日本経済新聞9月18日付電子版によるものです）。

　オランダ国王は財政難により「20世紀後半の福祉国家は持続不可能となっている」と述べ，さらに「福祉国家はゆっくりと，しかし確実に『参加社会』へと変化している。可能な者は自分や周りの人々の生活の責任を担うことが求められている」と語った。

2013年大晦日

参考文献

日本語文献

阿部彩・國枝繁樹・鈴木亘・林正義(2008),『生活保護の経済分析』, 東京大学出版会。
大内伸哉・川口大司(2012),『法と経済で読みとく雇用の世界』, 有斐閣。
小原美紀, 佐々木勝, 町北朋洋(2008),「雇用保険のマイクロデータを用いた再就職に関する実証分析」, マッチング効率性についての実験的研究(JILPT資料シリーズ；報告書)。
加藤久和(2011),『世代間格差 人口減少社会を問いなおす』, ちくま新書, 筑摩書房。
北野浩一(1999),「チリの年金改革と移行財源問題」, 海外社会保障研究, No.126, 国立社会保障・人口問題研究所。
厚生労働省(2011),「今後のパートタイム労働対策に関する研究会報告書」。
厚生労働省(2013),「2011 ~ 2012年 海外情勢報告」, 厚生労働省HP.
佐藤主光(2007),「医療保険制度改革と管理競争：オランダの経験に学ぶ」, 会計検査研究, No.36, 会計検査院。
高山憲之(2003),「スウェーデン年金改革の教え」, 週刊エコノミスト, 2003年11月18日号, 毎日新聞社。
橘木俊詔(2005),『企業福祉の終焉』, 中公新書, 中央公論新社。
橘木俊詔・浦川邦夫(2006),『日本の貧困研究』, 東京大学出版会。
土田武史(2012),「ドイツの介護保険改革」, 健保連海外医療保障, No.94, 2012年6月号, 健康保険組合連合会。
独立行政法人労働政策研究・研修機構(2012),「平成24年 労働力需給の推計」。
独立行政法人労働政策研究・研修機構(2013),『データブック国際労働比較2013』。
内閣府(2002),「欧州にみる主要な年金改革」, 世界経済の潮流, 2002年秋。
内閣府(2005),『平成17年版 少子化社会白書』。
内閣府(2005b),『平成17年版 国民生活白書 子育て世代の意識と生活』。
中川秀空(2010),「アメリカの年金財政の展望と課題」, レファレンス, No.709, 国立国会図書館調査及び立法考査局。
八田達夫・小口登良(1999),『年金改革論―積立方式へ移行せよ』, 日本経済新聞社。
服部有希(2012),「フランスにおける最低所得保障制度改革」, 外国の立法, No.253, 国立国会図書館。
林正義(2010),「生活保護と地方行財政の現状 市単位データを中心とした分析」, 経済のプリズム, No78, 参議院事務局。
樋口修(2011),「スウェーデンの子育て支援策」, レファレンス, 平成23年2月号, 国立国会図書館。

藤井宏一（2007），「OECDにおける雇用保護法制に関する議論について」，ビジネス・レーバー・トレンド，2007年7月号，独立行政法人労働政策研究・研修機構，pp.26-33。

堀春彦・坂口尚文(2005)，「日本における最低賃金の経済分析」，労働政策研究報告書，No.44，独立行政法人労働政策研究・研修機構。

堀真奈美(2013)，「医療扶助の適正化について」，会計検査研究，No.47，会計検査院。

宮寺由佳(2008)，「スウェーデンにおける就労と福祉」，外国の立法，No.236，国立国会図書館。

宮寺由佳（2012），「スウェーデンの社会扶助の30年」，海外社会保障研究，No.178，国立社会保障・人口問題研究所。

宮本太郎(2004)，「ワークフェア改革とその対案　新しい連携へ？」，海外社会保障研究，No.147，国立社会保障・人口問題研究所。

吉田しおり（2012），「イギリスにおける介護保障制度」，健保連海外医療保障，No.94，2012年6月号，健康保険組合連合会。

山田千秀(2010)，「フランス及びドイツにおける家族政策－海外調査報告」，立法と調査，第310号，参議院事務局。

山本克也（2001），「世界銀行の年金政策」，海外社会保障研究，No.137，国立社会保障・人口問題研究所。

山本真生子・齋藤純子・岡村美保子(2013)，「諸外国の公的扶助制度－イギリス，ドイツ，フランス」，調査と情報，No.789，国立国会図書館。

リチャード・C・バン　クリーフ(2012)，「オランダの医療制度における管理競争－前提条件と現在までの経験」，フィナンシャル・レビュー，平成24年第4号，財務省財務総合政策研究所。

英語文献

Boarini, R. and M. M. d'Ercole (2006), "Measures of Material Deprivation in OECD Contries", OECD Social, Employment and Migration Working Papers, No. 37, OECD.

Förster, M. and G. Verbist (2012), "Money or Kindergarten? Distributive Effects of Cash Versus In-Kind Family Transfers for Young Children", OECD Social, Employment and Migration Working Papers, No. 135, OECD.

Hanvoravongchai, P. (2002), "Medical Savings Accounts: Lessons Learned from Limited International Experience", DISCUSSION PAPER, NUMBER 3 - 2002,

WHO.
Immervoll, H. (2009), "Minimum-Income Benefits in OECD Countries: Policy Design, Effectiveness and Challenges", OECD Social, Employment and Migration Working Papers, No. 100, OECD.
Kögel, T. (2004), "Did the association between fertility and female employment within OECD countries really change its sign?", Journal of Population Economics. Vol.17 (1), pp. 45-65.
Lohmann, H., Peter, F. H., Rostgaard,T., and Spiess,K. (2009), "Towards a Framework for Assessing Family Policies in the EU", OECD Social, Employment and Migration Working Papers, No. 88, OECD.
Meyer (1990), 'Unemployment insurance and unemployment spells', Econometrica, Vol.58, No.4, pp. 757-782.
OECD (2011), Doing Better for Families, OECD Publishing.
OECD (2011b), "Society at a Glance 2011 − OECD Social Indicators", OECD.
OECD (2011c), "Pensions at a Glance", OECD Publishing.
OECD (2012), "Pension Outlook", OECD Publishing.
Paris, V., M. Devaux and L. Wei (2010), "Health Systems Institutional Characteristics: A Survey of 29 OECD Countries", OECD Health Working Papers, No. 50, OECD Publishing.
Thévenon,O. (2011), "Family Policies in OECD Countries: A Comparative Analysis", Population and Development Review, Vol.37 (1), pp. 57-87.
World Bank (1994), "Averting the Old-Age Crisis", Oxford University Press.

インターネット
厚生労働省ホームページ
http://www.mhlw.go.jp/seisakunitsuite/bunya/hukushi_kaigo/seikatsuhogo/seikatsuhogo/index.html（2013年12月29日最終確認）。
財務省財務総合政策研究所編(2010)，『医療制度の国際比較』，
http://www.mof.go.jp/pri/research/conference/zk087.htm（2013年12月29日最終確認）。

European Commission "Flexicurity",
http://ec.europa.eu/social/main.jsp?catId=102&langId=en（2013年12月29日最終確認）。
Department for Work & Pensions（イギリス）

https://www.gov.uk/government/policies/simplifying-the-welfare-system-and-making-sure-work-pays/supporting-pages/introducing-universal-credit（2013年12月29日最終確認）。

UN (2011), World Fertility Policies

http://www.un.org/esa/population/publications/worldfertilitypolicies2011/wfpolicies2011.html（2013年12月29日最終確認）。

加藤久和(かとう・ひさかず)

1958年東京都生まれ。明治大学政治経済学部教授。専門は人口経済学, 社会保障論, 計量経済学。1981年慶応義塾大学経済学部卒業, 1988年筑波大学大学院経営・政策科学研究科修了。㈶電力中央研究所主任研究員, 国立社会保障・人口問題研究所室長, などを経て, 2006年より現職。著書に,『人口経済学』(日経文庫, 2007),『世代間格差』(ちくま新書, 2011) など。

明治大学リバティブックス
社会政策を問う
―― 国際比較からのアプローチ

2014年8月1日　初版発行

著　者	加藤久和
発行所	明治大学出版会
	〒101-8301
	東京都千代田区神田駿河台1-1
	電話　03-3296-4282
	http://www.meiji.ac.jp/press/
発売所	丸善出版株式会社
	〒101-0051
	東京都千代田区神田神保町2-17
	電話　03-3512-3256
	http://pub.maruzen.co.jp/
ブックデザイン	中垣信夫＋中垣呉
印刷・製本	株式会社シナノ

ISBN 978-4-906811-09-0 C0031
© 2014 Hisakazu Kato
Printed in Japan

新装版〈明治大学リバティブックス〉刊行にあたって

教養主義がかつての力を失っている。
悠然たる知識への敬意がうすれ,
精神や文化ということばにも
確かな現実感が得難くなっているとも言われる。
情報の電子化が進み,書物による読書にも
大きな変革の波が寄せている。
ノウハウや気晴らしを追い求めるばかりではない,
人間の本源的な知識欲を満たす
教養とは何かを再考するべきときである。
明治大学出版会は,明治30年から昭和30年代まで存在した
明治大学出版部の半世紀以上の沈黙ののち,
2011年に新たな理念と名のもとに創設された。
刊行物の要に据えた叢書〈明治大学リバティブックス〉は,
大学人の研究成果を広く読まれるべき教養書にして世に送るという,
現出版会創設時来の理念を形にしたものである。
明治大学出版会は,現代世界の未曾有の変化に真摯に向きあいつつ,
創刊理念をもとに新時代にふさわしい教養を模索しながら
本叢書を充実させていく決意を,
新装版〈リバティブックス〉刊行によって表明する。

2013年12月
明治大学出版会